上海全球城市研究院
SHANGHAI INSTITUTE FOR GLOBAL CITY

SHANGHAI METROPOLITAN AREA DEVELOPMENT REPORT

上海都市圈
发展报告·第二辑
同城化

Urban Integration

陈 宪　王赟赟 ◎ 主编

格致出版社　上海人民出版社

编写组成员

总 策 划　康旭平　燕　爽

丛书主编　周振华　陈　宪

分辑主编　陈　宪　王赟赟

第 1 章　　周振华

第 2 章　　孟美侠

第 3 章　　霍　哲　罗雪华　祁麟媛　孟美侠

第 4 章　　陈　宪　王赟赟

第 5 章　　王赟赟　陈　宪

第 6 章　　崔婷婷　王赟赟

第 7 章　　崔婷婷　王赟赟

专　　题　　王赟赟

英文译校　陈昉昊

目　录

CONTENTS

4   Evaluation System of Urban Integration

5   Shanghai-Suzhou Integration

6   Shanghai-Jiaxing Integration

7   Shanghai-Nantong Integration

8   Special Topic : China Urban Integration Index Report

图表目录

1

绪　论

都市圈首先是一个空间概念，是指由轨道交通连接起来的经济社会功能区，故《上海都市圈发展报告·第一辑》的主题是"空间结构"。都市圈的本质是同城效应，因此，我们将《上海都市圈发展报告·第二辑》的主题定为"同城化"。同城化是指都市圈内部两个或两个以上城市间的一体化，亦即经济、社会、交通和文化等多方面的紧密联系。同城化地区的两个或两个以上城市，可能会因为行政区划调整，成为一个城市，如济南市和莱芜市的合并。但是，即便不考虑行政区划的因素，假以时日，它们也会像一个城市那样，存在并发展着。

First, "the metropolitan area" is a spatial concept, which refers to the socio-economic functional areas connected by railways. Therefore, the theme of the first Report is "Spatial Structure." The essence of the metropolitan area is the urban integration effect. Therefore, the theme of Shanghai Metropolitan Area Development Report-2 is "urban integration." Urban integration refers to integrating two or more cities within a metropolitan area, for example, economic, social, transportation, and cultural aspects. Two or more cities in an integrated area may become one city due to administrative reorganization, such as the merger of Jinan and Laiwu. However, even without considering administrative divisions, they will exist and develop as one city in time.

1.1　都市圈是区域一体化的逻辑起点和主要载体

都市圈是区域一体化发展的逻辑起点和重要基础，这一点往往被忽视，甚至在行动中逻辑颠倒。这不仅容易误导对区域一体化发展的深刻理解，而且往往使区域政策空泛化和难以落地。现在提及长三角一体化，主要是从三省一市的地理空间尺度来谈问题，更多讨论城市群问题；讨论区域发展规划及其政策也主要着眼于三省一市的地理空间尺度，而较少讨论都市圈问题。比如，长三角三省一市领导会议所议主题，均是三省一市长三角区域里的主要问题。同时，国家发展和改革委员会首先制定的是长三角城市群的相关规划，而不是都市圈规划；在区域组织机构上，只有长三角区域合作办公室，而没有都市圈办公室。因此，有必要提出"都市圈是区域一体化的逻辑起点和主要载体"这一观点。这一观点的理论和现实依据，主要基于以下三点：

首先，现代社会中的区域一体化，本质上是区域城市一体化。城市是区域一体化发展的基本单元，区域一体化发展重点要在城市。当然，这并不是说，区域中的广大农村地区不重要。在高度城市化的背景下，广大农村地区更多是作为城市的操作景观和环境景观，是城市功能广泛延伸的地区，而不再是传统的农村地区。

其次，既然区域一体化的重点在城市，那么这里就涉及两种不同类型的区域城市组织形态。较早之前的国外研究将其区分为都市圈和城市群两个概念，现在由于全球化进程对区域城市功能的极大渗透和影响，使区域城市由内向关联转向外向关联。所以，国外研究将都市圈和城市群这两个概念迭代升级为全球城市区域和全球巨型城市区域，两者在空间尺度上可能重叠，但功能上已有重大区别。这两种区域城市组织形态都是区域一体化发展的组织结构和重要载体。但不论是延用旧概念还是采用新概念，关键问题是缺乏对这两种区域城市组织形态的差异性分析。事实上，这两种区域城市组织形态不仅在内涵上，而且在结构上和治理方式上都有重大区别。这不是一个空间尺度小、另一个空间尺度大的问题，其本质的区别在于：都市圈或全球城市区域是一个城市系统，具有同城效应；而城市群或者全球巨型城市区域则由几个城市系统构成，更多的是城际网络效应。因此，相对应的区域发展政策是不一样的，有很大的差别。

再次，国际经验表明，区域一体化发展是从都市圈到城市群的历史演变。首先是中心城市向外空间扩展形成都市圈，然后这些都市圈之间形成城市群。以美国为例：美国以大都市区作为统计的单元，然后进一步向城市群或巨型城市区域发展。尽管在区域一体化发展当中，都市圈和城市群可能是同时存在的，并且有时候还相互作用、交叉发展，但有一点应该是明确的，即都市圈是城市群发展的基础。如果没有都市圈的率先发展，没有发育成熟的都市圈，城市群是发展不起来的。即便在地图上勾勒出城市集群，那也只是地理尺度意义上的，而不具有区域一体化发展的含义。

因此，在讨论区域一体化发展时，首先要关注都市圈发展，强调都市圈是区域一体化发展的逻辑起点和重要基础。在长三角区域一体化发展的实践中，要大力推进都市圈发展。

1.2 都市圈的本质是同城化

都市圈的本质特征是同城化发展。有人认为都市圈和同城化是一回事。确实，从某种意义上讲，同城化可以作为都市圈的代名词。但问题在于，现在所说的同城化，到底是什么意思？难道就是地域相邻、1—2小时通勤圈吗？这一点需要进行深入研究和解读。

地域相邻、1—2小时通勤圈只是都市圈同城化的必要条件。与城市群不同，都市圈必定是地理相邻，这是同城化的物理条件。但与城市群一样，都市圈也是跨行政区划的，其同城化就有了远超地理相邻、1—2小时通勤圈的含义。同城化的充分条件则是：

第一，城市高度系统化。不同行政辖区的邻近城市处于一个城市系统之中，这不是指行政区划归并。如果是行政区划归并，事情就简单了，但也就不再是都市圈或同城化的概念了。这里是指不同行政辖区的邻近城市之间的功能合理分工，其相互耦合的功能嵌入一个城市系统中。严格意义上讲，这还不是通常所说的功能互补的含义。因为不同城市系统之间也可以有功能互补，如城市群中呈现的那样。在同一个城市系统中的功能分工，更本质的是功能耦合，通常是都市圈中心城市的非核心功能向邻近城市疏解的结果。这样，都市圈中各城市间功能分工就有了内在关联和同一性。如果没有中心城市非核心功能向邻近城市疏解的过程，相互之间就很难形成功能耦合，成为一个城市系统。

第二，市场高度一体化。不同行政辖区内的邻近城市能够处在同一个城市系统中，显然要依赖于市场高度一体化。也就是说，这种城市功能耦合不是行政配置的，而是市场配置的。当然，城市政府的战略规划也很重要，在城市功能耦合中起到导向作用。但基于不同行政辖区的城市功能耦合主要由市场机制进行基础性配置。因此，这里讲的高度市场一体化，还不是指一般意义上的统一市场即资源要素自由流动及其配置的概念，这在城市群区域一体化发展中也存在，并作为基本条件。同城化中的市场一体化更是指邻近城市处在同一个市场，特别是共享一个地区的劳动力市场、生产者服务业市场、房地产市场等。

第三，城际高度流动性。邻近城市处在同一个市场中进行资源要素及其功能配置，意味着可以职住分离、前台后台分离、管理与操作平台分离等，这势必导致邻近城市间高度的流动性，特别是基于通勤的人流、基于商务的服务流、基于城市共同体的信息流、基于产业配套的商品流和技术流等。显然，这种密集、频繁、常态性的高度流动性在其他空间尺度上是没有的，从而构成同城化的基本特征之一。

第四，空间配置高度统一性。基于高度城际流动性，都市圈的空间配置就可能有更多的同构性。也就是说，尽管邻近城市间的功能是异质性的，但由于处在同一个城市系统和同一个市场中，在空间配置上就有了明显的统一性。这种空间配置的统一性不仅体现在流动空间上，更体现在地点空间上。因为从流动空间讲，不仅在区域城市群、国内甚至全球的尺度上都可能具有基于网络的空间配置统一性，但其地点空间是地理不连续的、分离的和割裂的，不具有空间配置的统一性。都市圈在流动空间和地点空间两方面都具有空间配置统一性，并把两者高度统一起来，既有基于流动的外部网络效应，又有基于地点的内部集聚效应。

1.3　都市圈同城化发展的具体表现

从不同的视角看同城化发展，其表现也一定是多种多样的。从上述同城市化本质特征看，同城化发展的主要表现为：

第一，常态化的通勤圈。首先应该把出行圈和通勤圈两者区分开来，不能混为一谈。通常我们以上海某一个地方为中心，往外一定时间的路程为依据，划定一个出行圈。但这一出行圈仅仅表明了采用一定交通方式的上海邻近地理范围，虽然与都市圈的地理范围有关系，但并不真正体现同城化的含义。同城化要用通勤圈来表示。因为城际通勤意味着处于一个城市系统中的职住分离，并且是一种常态化的流动性。另外，需要强调的是，通勤圈半径是动态的，是随着交通方式及便捷程度而改变的。目前，都市圈通常以城际轨道交通为主导，以此来计算通勤圈的时间半径。

第二，围绕中心城市的网络形态结构。都市圈通常是围绕中心城市的相互间联系趋于收敛的形态结构，而不是离散化和发散化的形态结构。还要强调的是，都市圈不是传统意义上的"中心—外围"等级结构——中心具有"虹吸效应"，而外围处于"阴影效应"中。这不仅不是同城化的表现，且是与同城化背道而驰的。在同城化背景下，都市圈是一种围绕中心城市的网络结构，是中心节点与一般节点处于平等地位且紧密连接的形态结构。这种网络结构是基于双向"借用规模"而形成的。也就是说，中心城市向邻近中小城市借用规模，以解决"大城市病"等问题，比如借用邻近中小城市尚具有的较大发展空间、良好的生态环境、比较舒适的居住条件，以及较低的生产和生活成本等条件；与此同时，邻近中小城市也向中心城市借用规模，以解决规模不经济、层级较低、外部联系较弱等问题，比如借用中心城市的大市场、丰富的人力资源池、雄厚的科技力量和金融实力、高能级的运作平台、门户枢纽功能、大规模的流量等。正是双向的"借用规模"，促进了同城化发展。

第三，基于合理分工的功能结构。首先要强调，同城化并不是同质化，仍然是有差异的。一提起差异化，人们通常想到的是，城市之间的规模大小、经济实力强弱，以及在城市景观、社会人文、自然环境等方面的差别。这并没有错。但同城化的差异化，更多体现在城市间的功能分工上。也就是说，都市圈的各个城市依据其自身区位条件、比较优势、发展潜力来构建与其他城市相配套的独特功能，从而形成同处于一个城市系统中的功能结构。虽然各个城市均具有一般功能，但在某些方面的功能更具有特长和特色，成为其独自拥有的核心功能。正是在这种差异化功能的基础上，才能构成大都市圈合理分工的功能结构。这也意味着都市圈的中心城市，比如上海，其非核心功能一定要向周边邻近城市疏解，而周边城市一定要培育自身的核心功能。因此，周边城市积极实施接轨上海、融入上海等发展战略，某种程度上是对的，但并不完整。反过来，上海也应融入周边城市，通过非核心功能疏解来促进周边城市的功能提升和自身核心功能的形成。这种功能配置并不是零和博弈，不是你强我弱，而是基于合理分工的非零和博弈，各自发挥特长。比如，苏州比上海有更强的制造业能力，并不意味着上海制造产业的衰落，因为上海可以培育和形成高能级的全球资源配置功能、科技创新策源功能、高端产业引领功能等，与苏州错位互补，相得益彰。

第四，休戚相关的城市共同体。同城化已经超越了一般城市联盟的概念，而是作为城市共同体发展的。这就意味着更多的协调、共享和可持续发展。现在人们论及城市共同体，首先想到要享有同等的福利。这应该是同城化发展的结果，而非前置条件。作为城市共同体，要有一荣俱荣、一损俱损的意识，首先要强调的是发展机会均等，相互促进，共存、共融、共赢，缩小内部差距。例如，通过强化都市圈内的产业配套、产业集群以及发展新产业综合体等，发挥都市圈的规模经济效应、溢出效应、网络效应，甚至马太效应。

1.4 同城化是市场化和政府干预的共同结果

有哪些路径可以促进同城化发展、增强同城化效应？从同城化的内在性及其基础来看，主要是市场化推动。然而，行政区划带来的分割是阻碍区域一体化及同城化的主要顽症，这又涉及政府本身的问题。如果政府自身不改革，不转换思路，对区域一体化及同城化发展缺乏正确认识，甚至采取阻碍性措施，单靠市场化推动是不行的。从这一意义上讲，政府积极、有效的干预是区域一体化及同城化发展的重要保证。但市场推动与政府干预都存在着"失灵"的可能性，尤其是政府的不当干预往往造成市场失灵。因此，促进同城化发展、增强同城化效应的关键，不在于靠市场化推动还是靠政府干预，而是两者各自的"有效性"以及有效配合。这里主要讨论基本的指导思想、发展思路问题，而不是一些同城化的具体做法。

在市场化强力推动方面，要注重三个问题：

第一，培育和发展同一个市场。这种同一个市场是具有统一规则和规范，无障碍进入、无缝衔接的。在这一点上，现有的市场状态仍有较大差距。有些市场在这方面明显滞后，比如信贷市场的区域划块使得都市圈无法形成同一个信贷市场。另外，如果产权交易不能跨区域，同样不能形成同一个市场。有些市场在资质认定、标准掌握、权益保护、执行力度等方面尚存在规则和规范的不统一；有些市场存在隐性壁垒、透明度不够等问题。因此，必须深化改革，打破各种制度性障碍，消除各种政策性歧视，促进都市圈的资源要素在同一个市场中进行有效配置。

第二，发展同城化产业综合体及组织机构。这包括加强同城化的产业配套、产业集群，建设跨行政区划的产业园区或"飞地"，以及建立同城化的企业联合体及各种类型的行业协会等。

第三，发展都市圈的专业性廊带。专业性廊带是都市圈发展的重要空间载体，在同城化中发挥着重要作用。要加快建设科技走廊、经贸走廊、文化创意走廊、特色产业走廊、生态环保走廊等。

在政府有效干预方面，也要注重三个问题：

其一，制定和实施都市圈发展战略规划。政府的有效干预，首先表现在战略先导上，而不是急于出台零散的、孤立的专项政策。目前，都市圈发展规划是相对缺失的。例如，《上海市城市总体规划（2017—2035年）》中虽然提出都市圈建设，但并未形成一个完整的上海都市圈发展规划。制定都市圈发展规划，主要解决以下几方面问题：首先，确定都市圈发展所要解决的问题是什么，哪些是核心问题等；其次，确定都市圈发展的目标愿景、所要达到的发展程度和可供选择的路径；再次，筛选出促进都市圈发展的重大工程和具体实施项目，以及制定项目推进过程的执行程序和进度表；最后，要把衡量、监测、评估及其所实施的步骤纳入战略规划之中。当前，在制定发展战略时，通常缺乏监测、评估的相应机制设计，从而使战略规划的作用大打折扣。在都市圈战略规划的制定中，要把都市圈建设的衡量、监测和评估作为一项特别重要的内容，设定相应的机制，对都市圈建设的效果怎么样、进展怎么样、产生的后果怎么样、影响怎么样等开展监测和评估。

其二，构建都市圈的治理结构。在区域发展中，不管是都市圈或城市群，都面临一个先天的结构性矛盾，也就是，市场本身要求跨区域的交集、渗透，但行政区划却是有明确边界的，有不同的权属。目前，我们更多地通过不同政府间及其部门间的沟通和协商（大多是一事一议的性质），以及政策层面的协调来解决这一先天结构性矛盾，其实是不够的。推进区域一体化和都市圈建设的最主要的基础设施之一，是构建一种能缓解和协调这一先天结构性矛盾的治理结构。这一治理结构的核心，是制度性的利益协调机制，且是具有可操作性的。比如，通过什么样的机制和渠道来表达各自的利益诉求；通过什么样的办法和标准来识别和确定不同利益和共享利益（不仅是定性的，还可以是一定程度量化的）；通过怎样的机制和方式进行利益交换（比如，排污权交易、碳交易等）；在利益不能市场化交易的情况下，又怎么构建一个利益补偿机制，形成一个利益共享机制。这些在促进同城化发展、增强同城化效应中都是实实在在起作用的，是政府提供制度供给中最重要的方面。

其三，提高干预政策的有效性。在促进同城化发展、增强同城化效应的过程中，并不是干预政策越多越好，而是要注重干预政策的有效性。特别是在政策出自各行政区划政府的情况下，更要讲究干预政策的有效性。干预政策有效性具有双重含义。首先是政策干预的功效。根据国外区域一体化发展的经验，可总结为"六字黄金法则"，即避免"无谓、替代、置换"。第一个"无谓"，即无关紧要或多余的意思。具体来说，就是政府推出或不推出这个政策最终都会产生这个结果，说明政策没有功效。而且，此类干预政策由于"多此一举"，只会产生更多的负面效应。现实中，那些"不痛不痒"的政策也属于此类。第二个"替代"，即干预政策在某些方面取得的成效是以造成另一些方面的损失为代价的。在现实中，这种"顾此失彼"的政策干预较为常见。第三个"置换"，即政策干预在某个地方取得的成效是以牺牲其他地方的利益为代价的，这种政策干预只是政策成效在不同地方的置换，并没有产生净政策成效。在现实中，这种"顾己不顾邻""以邻为壑"的政策干预也时有发生。其次是政策干预的效率。政策干预并不是有些人想象的那样，是无成本、可以无限供给的，而是有投入、有成本的，不仅有制定成本，而且有实施成本，因此要讲究投入—产出的政策效率，以最小的成本取得最大的收益。提高政策效率，要特别关注各种政策之间、政策原则与实施细则之间的配套、协同，并进行动态监测和评估，及时调整政策干预过程。

2

同城化发展的空间
演进和理论阐述

根据联合国人居署发布的《2016世界城市状况报告》，目前全球在城市区域居住的人口已经达到54%，而发达国家的城市化率超过80%，未来会有更多的人口生活在城市，特别是大城市；目前全球前600大城市居住着世界上五分之一的人口，创造了全球60%的GDP；1995年，人口在500万到1000万的大城市和1000万以上人口的超大城市数目分别为22个和14个，到2015年这两类城市的数目增长了一倍。城市被认为是人类最伟大的发明之一。然而，现代意义的城市的形式和范畴已经超越单一城市，因同城化发展，城市的发展常常突破行政边界，几个空间邻近的城市呈现高度一体化的都市圈（区）形式。本章将从发展历程、空间演进、理论阐述和影响因素四个方面对同城化发展现象进行讨论。

According to 2016 The World Cities Report released by UN-Habitat, the global population living in urban areas has now reached 54%. The urbanization rate in developed countries exceeds 80%. It will be more people living in cities, especially vast cities in the future. The top 600 cities in the world are currently home to one-fifth of the world's population and generate 60% of global GDP. In 1995, the number of large cities with 5 to 10 million people and mega-cities with more than 10 million people was 22 and 14, respectively, and by 2015 the number of cities in these two categories had doubled. The city is considered one of the greatest inventions of humankind. However, the form and scope of cities in the modern sense have gone beyond a single city. Due to integration, cities often breakthrough administrative boundaries, with several spatially close cities taking the form of highly integrated metropolitan areas. This chapter will discuss the phenomenon of urban integration from four aspects: development history, spatial evolution, theoretical elaboration, and influencing factors.

2.1 从单一城市到都市圈—同城化发展历程

乔尔·科特金（Joel Kotkin）（2015）在《全球城市史》中对决定城市发展的三个关键因素进行了较为准确的总结，即地点的神圣[①]、提供安全和规划的能力、商业的激励作用。从美索不达米亚到印度和中国，在城市发展史的大部分时间，祭司阶层是城市秩序的主要组织者。随后，在世界绝大多数城市，帝国的建立使得国王成为城市的所有者；在中国，统一的王朝促进了带城墙的大型城镇的发展，城墙和城市的特征是一致的，"惟王建国"，城市以帝国地方行政中心的角色彰显其重要性（Wheatley，1971；Schinz，1989）。虽然牧师、士兵和官吏可以为城市的成功提供先决条件，但唯有具有活力的经济才能产生足够的财富以维系大规模人口长时期的生存。从城市发展的历史看，"城市"一直同时肩负行政和经济的使命。当然，现代城市与宗教和国王的联系日渐微弱，但城市很多时候仍然具有行政的功能，只是现代行政意义上的城市更多地指地方政府行使政治权力和提供政府服务的行政范围。经济学研究更关注城市的经济属性，阿瑟·奥莎利文（Arthur O'Sullivan）（2015）的《城市经济学》把城市区域（urban area）定义为在相对较小的面积里居住了大量人口的地理区域。城市经济学家使用集聚经济效应对城市进行解释（Marshall，1890；Krugman，1991；Duranton and Puga，2004），而这只有在大量厂商和家庭集中于较小的区域内时才能发生。

在人类的漫长历史时期中，城市化进程在全球范围的进程有明显差异，而欧洲和美国是较早实现城市化的国家。在欧洲，早期的城镇除了提供商业和管理服务，也为本地或外地市场提供服装、皮革等物品，并使用这些物品与郊区交换食物、原料、燃料

[①] 宗教设施，如庙宇、教堂、清真寺和金字塔，长期以来支配着大型城市的景观轮廓和形象。

和木材，因此工业化以前的城镇主要是市场集散地（Hohenberg，2004）。这一阶段城市化进展缓慢，欧洲的城市人口比例在1300年为10%，1800年为12%。随着工业革命的推进，城镇的数量不断增加，形式也发生了变化，此时的城市是典型的企业集中的场所，城市化进程也大大加快，欧洲城市人口比例在1850年约为20%，1900年约为38%，1950年为52%（Fujita and Thisse，2002）。

在美国，从1776年建国，到1920年城市人口超过农村，美国用130年的时间完成了从乡村到城市的初步"传统城镇化"[①]（王旭、罗思东，2010；U.S. Bureau of Census，1975），尽管美国这一阶段的城市化进程不同于欧洲，但此时城市的功能和形式基本与欧洲类似。此后，人口和经济活动开始向城市的郊区和周边地区蔓延，城市与周边地区呈现同城化发展态势。作为美国城市化水平最高的地区，早在100多年前，纽约市率先达到人口和经济活动由农村向城市集中的"传统城市化"鼎盛时期。之后，郊区辽阔的空间、公共交通的改善和私家车的普及等使得人口和产业向纽约市的郊区和纽约周边地区（两者都是传统意义上的郊区）蔓延，而且这种蔓延常常突破原有的行政边界，也就是纽约市及其周边地区呈同城化发展。1920—1925年，纽约市的人口增长率只有4.5%，而与纽约市毗邻的纽约州韦斯特切斯特县和拿骚县的人口分别增长了23.6%和64.6%；1905年，纽约市的一半人口居住在距市政厅4英里的范围之内，到1925年这一比例下降了30%，而距市政厅8英里到12英里之间范围的人口比例从8.55%上升至22.13%（Regional Plan Association，1929）。

这种城市向外蔓延，并与其外围地区同城化发展的形态在美国其他城市也非常普遍。自此，郊区和城市的区别日渐缩小，美国城市发展由单中心向多中心过渡，城市与外围地区和外围地区

---

① 一些学者将人口从农村到城市集中的城镇化过程称为"传统城镇化"，并认为"传统城镇化"结束的标志是一国城市人口超过农村人口。

之间的通勤日益普遍，以行政区划进行的人口和经济统计几乎失去意义，都市统计区应运而生。1949 年，美国行政管理与预算局（OMB）推出标准都市统计区（standard metropolitan area，SMA）的界定和规范[①]，并用于 1950 年的人口普查。此后随着都市区的发展，OMB 对都市区的概念和界定方式进行了数次修改。

根据 OMB 公布的《2010 年都市区界定标准》[②]，都市统计区的划定基于核心区识别的统计区（core based statistic area，CBSA）的确定，其定义为"人口超过 1 万的城市区域[③] 及用通勤量[④] 表征的与城市区域之间具有密切社会经济联系的外围"。需要说明的是，美国都市区具体的确定过程基于县（county）级行政区进行，具体的操作过程是：（1）确定中心县，即该县 50% 人口聚集于大于 1 万人口的城市区域；或郡县超过 5 000 人位于超过 1 万人的单一城市区域。（2）确定外围县，即与中心县的职 / 居通勤率至少为 25%。此外，当某一 CBSA 的中心县满足另一 CBSA 外围县的标准，二者合并为新的 CBSA；毗连的 CBSA 相互之间就业通勤率至少为 15%，可合并为 CSA（combined statistical area），合并后原CBSA 统计上仍相对独立。（3）根据中心城市区域的人口是否超过 5 万人，都市区又可以分为大都市统计区（metropolitan statistical area）和小都市统计区（micropolitan statistical area）。

---

① 尽管最早的都市统计区的界定来自美国，但最早使用大都市区这一概念的是英国。19 世纪初，伦敦的一些公共服务部分开始使用大都市区，其中最重要的是 1828 年建立的伦敦大都市区警务总署，1836 年伦敦铁路线开通时设立大都市区铁路公司。稍后美国也正式出现大都市区的概念，1880 年纽约大都市博物馆建成，1883年大都市歌剧院落成。

② OMB，2010，"2010 Standards for Delineating Metropolitan and Micropolitan Statistical Areas"，Notice. https://www.gpo.gov/fdsys/pkg/FR-2010-06-28/pdf/2010-15605.pdf.

③ 按照美国人口普查局 2010 年的界定标准，城市区域是指人口不少于 2 500 人，且其中至少有 1 500 人居住在机构团体区域（institutional group quarters）之外的固定地理区域。机构团体区域指的是那些在普查时受到正式授权且训练有素的人的监管、照料或羁押的人所在的区域，这些人一般被归为"病人"或"囚犯"。2010年，美国有 3 573 个城市区域。美国人口普查局 2000 年的界定标准将城市区域定义为人口不少于 2 500 人，且每平方公里的人口密度不低于 500 人的固定地理区域。在 2000 年，美国有 3 765 个城市区域。

④ 最新的都市区划分标准要求外围县的职 / 居通勤率至少为 25%。

根据 2017 年 OMB 的公布文件^①，美国共有都市区 945 个，包括大都市区 383 个，小都市区 550 个；都市区人口占美国总人口的 94.3%，其中大都市统计区的人口占比为 85.7%，小都市统计区的人口占比为 8.6%；美国的 3 142 个县中，1 169 个属于大都市统计区，656 个属于小都市统计区，1 371 个不在都市统计区的范围内。这样，从 1920 年城市人口超过全美总人口的一半，到 1940 年大都市区人口占全美总人口的比例近一半，到 1990 年 40 个百万人口大型都市区的人口占全美总人口的比例超过一半，再到 2017 年大都市区人口占比超过 80%，美国成为一个大型都市区为主的国家。

这种由同城化发展带来的城市空间结构的改变在欧洲和其他国家也普遍存在。20 世纪 80 年代以来，世界大城市普遍向外围地区拓展，东京、巴黎、阿姆斯特丹等城市的地域面积不断增加，但原来的城市中心人口却不断减少（王旭，2006）。都市区及其相关概念在美国城市发展实践中具有重要意义且被广泛应用，也被其他国家效仿应用。加拿大制定"大都市普查体系"（Census Metropolitan Category），并于 2011 年公布最新识别标准：大都市普查区或人口聚集区由一个人口核心区以及周围多个毗连的自治市构成（Puderer，2008）。英国从 20 世纪 60 年代开始统一划定以通勤率为唯一识别标准的全英"通勤区"（travel to work area，TTWA），集中反映劳动就业的空间格局及变化。日本也于 60 年代提出"都市圈"^②概念，并在五次《国土综合开发法 / 全国统计开发计划》中逐渐完善。根据 2010 年日本普查报告的定义，日本"都市圈"由一个或多个中心城市以及与其通勤相关联的周边

---

① OMB，2017，"Revised Delineations of Metropolitan Statistical Areas，Micropolitan Statistical Areas，and Combined Statistical Areas，and Guidance on Uses of the Delineations of These Areas".

② 日本统计局官方"都市圈"的对应英文是 metroplitan area，日本都市圈标准要求外围市町村到中心城市的通勤不低于 1.5%，所以日本的都市圈和美国的都市区相比，尽管是从 metroplitan area 翻译而来，但范围要比美国的都市区大很多。根据 2014 年 6 月日本的统计数据，日本有 10 个主都市圈、4 个大都市圈，共覆盖 69.18% 的人口和 22.44% 的国土面积。

市町村构成。日本官方同时使用学者定义的另一类空间尺度即"城市就业区"（urban employment area）[①]（Kanemoto and Tokuoka，2002），主要的原因是日本现行都市圈的面积和人口规模与欧美通行的标准不具有可比性。根据 Kanemoto 和 Tokuoka（2002）的研究，日本共划分为 233 个城市就业区。在中国，近年来随着同城化的发展，都市圈受到了越来越多的重视。2019 年，国家发展改革委发布《关于培育发展现代化都市圈的指导意见》，指出都市圈是城市群内部以超大特大城市或辐射带动功能强的大城市为中心，以 1 小时通勤圈为基本范围的城镇化空间形态。南京、福州和成都三个都市圈发展规划获国家发改委正式批复，多个都市圈发展规划正在编制之中。

如果说，城市由单中心向多中心过渡和城市空间范围不断拓展的"都市圈（区）化"是 20 世纪发达国家城市化的一个显著特征，那么由若干规模和功能不同但联系紧密并在空间上呈现连绵的都市区构成的城市群区域发展形态，是发达国家城市化的另外一个重要特征。城市群的概念开始是从城市规划和地理学的角度提出的，类似的概念有大都市带、都市圈、都市连绵区、巨型城市区域等。关于城市群，最早可追溯到英国学者 Howard（1898）在其著作《明日的田园城市》中提到的由若干田园城市围绕中心城市所形成的城镇群体（town cluster）。此后，英国城市规划学者 Geddes（1915）在其著作《进化中的城市》中基于城市演化的特征提出了"集合城市"（conurbation）的概念，表示城市的扩张使得相互之间产生了交叠的影响。现代意义上的城市群研究始于法国地理学家 Gottmann（1957）的分析，其基于北起波士顿、纽约，南到华盛顿美国东北部大西洋沿岸地区城市连绵分布的现象提出了"大都市带"（megalopolis）的概念，认为大都市带是由多个具有各自特色和功能的都市区连接而成的城市化区域。在大都市带内，城市分布密集且主要城市沿交通轴线分布，城市

[①]　城市就业区要求外围市町村与中心城市保持 10% 或以上的劳动通勤率。

之间具有密切的联系，共同组成了一个城市群体。加拿大学者McGee（1991）重点分析了亚洲发展中国家和地区城市间的交通走廊地带，将其定义为城乡融合区（Desakota），认为其具有与西方大都市带类似而发展背景又完全不同的空间结构。Hall 和 Pain（2006）基于欧洲日益形成的巨型城市区域（mega-city region），对这种多中心网络型大都市进行了分析，指出其是在劳动空间分工的背景下由多个地理上分离但在功能上紧密联系的城镇围绕一个或多个全球城市所形成的城市群体。目前比较公认的城市群是英国伦敦城市群、欧洲西北部城市群、北美五大湖城市群、美国东北部大西洋城市群、日本太平洋沿岸城市群，这些城市群以较小的面积集聚了较大比例的人口和经济活动。在美国，Lang 和Dhavale（2006）发现，2003 年美国十大城市群以 1/5 的面积容纳了超过 2/3 的人口，并创造了超过 2/3 的产值；并且预测至 2040年，美国人口会增加 8 300 万，增加的人口 70% 会在这十大城市群。

2.2　同城化空间形态演进理论阐述

区域的本质是空间，各项社会经济活动在地理空间上的相互关联和相互作用会形成特定的集聚空间，并在空间上呈现出一定的分布形态。针对城市、都市圈和城市群等不同的人口和经济活动空间组织形式，空间形态是其最基本的特征，也是最直观的体现。本节将基于城市经济学的基础理论，对城市、都市圈、城市群的空间形态特征和演进规律进行分析，而同城化发展是都市圈形成的关键。

关于区域空间基础理论的研究最早可以追溯到古典区位理论。冯杜能（von Thünen，1862）提出了著名的农业区位论，该理论是为了研究 18 世纪末到 19 世纪初，德国农业向大型化、商品化过渡的经营模式和产业化问题。在冯杜能假想的"孤立国"上有一个城市作为农产品的消费中心，在追求地租最大化的条件下，由于不同农产品的运输成本、产品价格和消费特性不同，最终会形成围绕城市的不同农作物分布于不同圈层的同心圆结构，即"杜能环"（图 2.1）。冯杜能虽然不能对城市本身的出现作出解释，但对城市周围的土地利用给出了一个条理清晰的解释，也适用于解释作为商品交易中心并被农业腹地包围的早期市镇空间形态。

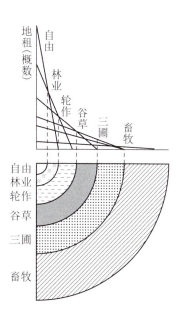

图 2.1
"杜能环"结构示意图

资料来源：Fujita et al., 1999.

19 世纪末，德国已经完成了第一次工业革命，近代的工业有了较快发展，并伴随着大规模的人口在地域间的转移。这一阶段的城市，工厂、店铺以及豪华的金融和商业中心并存。工业化时期见证了人口增长的加快和城市地区人口比例的快速提高，城市增长由移民维持，移民或者直接来自农村地区，或者从小城市向大城市逐级迁移。移民的不断快速涌入，造成工业化早期城市景观的拥挤和肮脏。

尽管城市存在于工业化时期之前，但城市的数量和规模的快速发展则契合工业经济的发展。早期城市的活动半径通常较小，而随着移民的涌入，城市拥挤而稠密。进入 20 世纪，城市的发展模式在本质和范围上发生了改变，企业和家庭逐渐远离了城市中心，工作地点和居住地点开始分离并导致通勤的形成；城市的边界开始向外扩展，同城化的都市圈发展模式逐渐显现。Alonso（1964）将冯杜能的模型进行推广，用经常在城市与农村来回穿梭的通勤者代替农民，用中心商业区（central business district，CBD）代替城市，建立了一个单中心城市模型，刻画存在通勤的城市空间形态。

随着城市不断地蔓延和同城化发展，城市群的空间形态逐渐显现。试想，如果一个城市和另外一个城市之间的距离非常远，那么，无论一个城市怎么发展，只是在这个城市内部进行空间结构的演变，并表现出随着到城市中心距离的增加，经济密度不断下降的现象。现实中的城市不可能无限扩张。随着两个地理相邻城市的向外发展，它们的经济空间会存在重叠和交叉，也即会出现同城化发展。Lang 和 Dhavale（2006）指出，20 世纪中期以后新的城市发展主要集中在原来城市中心的外围，这导致了城市蔓延，并将不同都市圈连接起来。这是城市群形成的初因之一。Florida 等（2008）也指出，城市群内部的都市圈会向外发展，而且会相互渗透（grow outward and into one another）。

对于上述城市空间形态的演绎规律，区域研究的学者给出了很多基于现实的描述。弗里德曼（Friedmann，1966）的工业化不同发展阶段空间结构演化示意图就是这样一种描述。在工业化前阶段［图 2.2（a）］，作为商品交易中心的小城镇之间相对独立，而且规模通常较小。图 2.2（b）则反映了工业化初期阶段，人口和经济活动向某些城市集聚的过程。这一阶段，伴随着农村到小城市、小城市到城市的移民，中心城市的规模不断扩大。而在工业化成熟阶段，中心城市以外的城市也得到了发展，而且城市之间的联系大大加强［图 2.2（c）］。最后，要素和人口流动更加频繁，城市之间出现交叉重叠，并形成具有不同规模等级城市的空间的相对均衡。

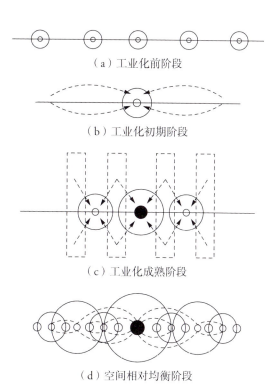

（a）工业化前阶段

（b）工业化初期阶段

（c）工业化成熟阶段

图 2.2
弗里德曼区域空间结构演化示意图

资料来源：Fujita et al.，1999.

（d）空间相对均衡阶段

2.3　基于城市土地利用模型的同城化发展分析

　　同城化即都市圈内部两个或两个以上城市间的一体化，亦即经济、社会、交通和文化等多方面的紧密联系。同城化的前提是城市空间的扩张，单个城市的空间拓展使得相邻城市的空间相互接近，为城市的高度系统化、市场高度一体化、城际高度流动性、空间配置高度统一性提供前提条件。本节借鉴城市土地利用模型对城市空间拓展、去中心化、蛙跳式蔓延、多中心发展的内在机制进行分析，以理解同城化发展的根本动因。

　　土地利用是经济分析中的重要议题。Ricardo（1817）和 Von Thünen（1826）的工作为该议题提供了早期的分析。现代城市土地利用的分析框架来源于 Alonso（1964）、Mills（1967）和 Muth（1969）的工作，他们将城市交通、土地利用和人口引入单中心模型，该工作成为理解城市内部住房、土地价格空间分布规律、居住人口和就业分布空间结构的基础模型。我们首先借鉴单中心模型（Duranton and Puga，2015）对同城化发展的前提——城市空间扩张的影响机制进行分析；进一步，借鉴基于集聚经济效用和土地竞价的多中心模型刻画都市圈的空间结构。

考虑一个线性的单中心模型，城市土地利用是内生决定的，能够被一条正的实线代表。城市中央商务区（CBD）也就是城市中心记为 $x = 0$，城市的居民消费可贸易品 z 和住房 h，效用函数用 $u(h, z)$ 代表，该函数关于自变量单调递增，并且是严格的拟凹函数。交通成本随着到 CBD 的距离增加而增加，因此一个居住在至 CBD 距离为 x 的位置的居民，其交通成本是 τx，在住房和多样品方面的消费总额是 $w - \tau x$。如果我们记 $P(x)$ 为至 CBD 的距离为 x 的位置的住房价格，该居民的约束条件为 $w - \tau x = P(x) h + z$。假设居住在城市内的每个居民具有相同的收入和偏好，在城市内部可以自由流动，直到任意居民在城市的每个位置达到共同的效用函数 $\underline{u}$。

我们使用 $v(P(x), w - \tau x)$ 代表间接效用函数，其中 $\dfrac{\partial v}{\partial P(x)} < 0$，$\dfrac{\partial v}{\partial (w - \tau x)} > 0$。居民均衡效用函数可表达为：

$$v(P(x), w - \tau x) = \underline{u} \qquad (2.1)$$

将花费函数定义为

$$e(P(x), v(P(x), w - \tau x)) = w - \tau x \qquad (2.2)$$

将式（2.1）代入式（2.2），两边同时关于 x 求导，可以得到：

$$\frac{\partial e(P(x), \underline{u})}{\partial P(x)} \frac{dP(x)}{dx} = -\tau$$

使用 Shephard's 引理可以立即得到 Alonoso-Muth 条件，即

$$\frac{dP(x)}{dx} = -\frac{\tau}{\dfrac{\partial e(P(x), \underline{u})}{\partial P(x)}} = -\frac{\tau}{h(P(x), \underline{u})} < 0 \qquad (2.3)$$

进一步，对住房需求关于 x 求导，即

$$\frac{\partial h(P(x), \underline{u})}{\partial x} = \frac{\partial h(P(x), \underline{u})}{\partial P(x)} \frac{dP(x)}{dx} \geq 0 \qquad (2.4)$$

式（2.3）和式（2.4）说明，在均衡状态下，住房价格随着到CBD的距离增加而下降，住房消费量随着到CBD的距离增加而变大。城市单中心模型通过基本的假设解释了城市内部住房价格和住房消费的典型事实，这也是城市经济学的基本结论。

从住房市场转换到土地市场。为了供应住房，一个完全竞争的建筑行业使用具有常数规模收益的土地和资本，使用至CBD的距离为 x 处的单位土地生产 $f(x)$ 单位的住房，单位土地的租金价格为 $R(x)$，生产的成本函数为 $c(R(x))$。建筑行业的零利润条件说明 $P(x) = c(R(x))$，对等号两边同时求导可以得到：

$$\frac{dP(x)}{dx} = \frac{\partial c(R(x))}{\partial R(x)} \frac{dR(x)}{dx}$$

这就意味着：

$$\frac{dR(x)}{dx} = \frac{dP(x)}{dx} \frac{1}{\dfrac{\partial c(R(x))}{\partial R(x)}} = \frac{dP(x)}{dx} f(x) < 0 \qquad (2.5)$$

式（2.5）说明住房价格下降反映在土地价格上，随着到市中心的距离增加，土地价格和住房的资本强度均在下降。城市空间的扩张意味着开放空间和农业用地向居住用地或者商业用地的转换，鉴于本节模型只涉及居住用地的讨论，因此，土地从开放空间或者农业用地的转换意味着土地用作居住用地的收益高于其他用途（例如农业）的收益。如果记土地用作其他用途的最高收益为 $\underline{R}$，假设城市的边界距离CBD的距离为 $\bar{x}$，则有：

$$R(\bar{x}) = \underline{R} \qquad (2.6)$$

单中心模型为我们分析各种参数对住房价格、人口空间分布、土地价格等城市空间结构的影响提供了可能。此处，我们重点分析影响城市空间扩张的关键因素，这是同城化发展的前提。首先，式（2.1）说明，收入的增加会带来城市每个位置的房价上升：$\dfrac{dP(x)}{dw}>0$，住房价格上涨才能抵消收入的增加以保持效用的均衡，同时一个城市收入水平的提高也会吸引更多的人口流入该城市。在 $\underline{R}$ 保持不变的条件下，城市原有边界 $\bar{x}$ 的土地租金 $R(\bar{x})$ 会随着房价的上升而提高，并带来城市边界的调整以维持条件（2.6），当然人口的流入也需要城市空间的扩张以容纳更多的人口。其次，式（2.1）还说明，由交通基础设施的改善和交通技术条件发展带来的交通成本的下降会引致城市每个位置住房价格的上涨。交通成本的下降也会吸纳人口的流入以保持城市之间的空间均衡。因此，交通成本下降也会导致城市空间的扩张和蔓延。另外，如果我们记 x_C 和 $\bar{x}$ 之间为郊区，记 N_C 为 CBD 到 x_C 的人口总规模，根据上述推导可以得到：

$$\frac{N_C}{N}=\frac{R(0)-R(x_C)}{R(0)-\underline{R}} \tag{2.7}$$

交通成本 τ 的下降提高了 CBD 之外包括 x_C 的每一处的土地价格，因此由式（2.7）可知交通成本在带来城市空间蔓延的同时也会引致去中心化的发生。因此，随着收入水平的提高和交通成本的下降，城市呈现出空间扩张和市中心人口占比下降的过程。这是都市圈内城市同城化发展的前提，也与全球范围内城市发展的事实和规律相契合。

如果说城市空间扩张是同城化发展的前提，那么城市所表现出的多中心空间结构和蛙跳式蔓延更加契合都市圈内若干不同城市同城化发展的现实。接下来，我们对一个城市或者都市圈会出现多中心空间结构的机制进行简要阐述。单中心模型假设城市中心是外生给定的，而多中心模型中的中心则是内生的，并假设知识溢出带来的集聚经济可以提高公司的生产率。记 $m(x)$ 代表内生的公司密度，记 $n(x)$ 代表内生的居民密度。使用 1 单位的劳动和 λ 单位的土地，每个公司每单位集聚交流溢出生产 1 单位的产出，因此，它的成本函数为：

$$(w(x)+\lambda P(x))/A(x) \tag{2.8}$$

其中 $A(x)$ 代表由知识溢出决定的生产效率，选择在位置 x 处的公司的生产效率为：

$$A(x) = \int_{-\infty}^{\infty} (\beta - \gamma |x - \gamma|) m(\gamma) d\gamma$$

这意味着 $A(x)$ 在 $x = 0$ 处达到最大值。进一步假设市场是完全竞争的，则厂商能够为商业土地提供的最大竞价是：

$$\Phi(x) = \frac{1}{\lambda} [A(x) - w(x)]$$

令 $T(x)$ 代表居住在位置 x 处的居民效用最大化选择的工作位置：

$$T(x) = argmax_{\gamma} \{w(\gamma) - \tau |x - \gamma|\}$$

这意味着，对给定一个居住位置，工人通过平衡他们的工资和通勤成本选择他们的工作地点。对住房和居住用地的竞价 $\psi(x, \mu)$ 是位置 x 处的居民在消费总量为 $z(\mu)$ 的多样品对住房和居住用地的竞价时能够支付的最大价格：

$$\psi(x, \mu) = w(T(x)) - \tau |x - T(x)| - z(\mu)$$

土地将会由竞价最高者得到，这说明土地的出租价格是：

$$R(x) = max(\Phi(x), \psi(x, \mu))$$

上述均衡的一般形式如下：城市土地利用的形式关于 $x = 0$ 对称。城市中间 $-x_0$ 至 x_0 处，公司和居民同时连续存在，形成混合土地利用的模式。在中心混合利用土地之外，也就是 $-x_1$ 至 x_0 处和 x_0 至 x_1 处，是纯商业用地。最后，在商业用地之外是纯居住用地。城市土地的利用形式可以表示为：

$$m(x) = \begin{cases} \dfrac{1}{1 + \lambda} & x \in [-x_0, x_0] \\ \dfrac{1}{\lambda} & x \in [-x_1, -x_0] \cup [x_0, x_1] \\ 0 & x \in [-\bar{x}, -x_1] \cup [x_1, \bar{x}] \end{cases}$$

$$n(x) = \begin{cases} \dfrac{1}{1+\lambda} & x \in [-x_0, x_0] \\[2ex] 0 & x \in [-x_1, -x_0] \cup [x_0, x_1] \\[2ex] 1 & x \in [-\bar{x}, -x_1] \cup [x_1, \bar{x}] \end{cases}$$

这样城市就实现了从单中心向多中心的转变。多中心的模型可以被用以理解都市圈内通常具有多个城市，而不会出现主中心城市的无限摊大饼式发展。公司和个人会考虑收益和成本以进行选址。如果企业选址在中心城市，企业可以享受由知识溢出带来的更高的生产率，但也需要支付更高的工资和住房成本。劳动者选择在中心城市就业可以享受更高的工资水平，但在居住地址的选择上就距离市中心过远，而过远就意味着更高的交通成本。在价格机制的作用下，城市形态最终会形成若干个就业的中心即多中心的城市或都市圈空间结构。

2.4 同城化发展影响因素研究

2.4.1 交通基础设施与同城化发展

空间经济学的核心问题是解释地理空间经济活动的集聚。集聚可以在很多地理空间尺度上发生，城市和都市圈本身就是集聚的结果，而城市群也是集聚的一种形式。经济活动在地理空间上的集聚与商品和人的运输方式高度相关，因为绝大多数生产都涉及原材料、劳动力和燃料在不同位置的转移，绝大多数消费又涉及至商品、服务提供地的商品传递和人员运输。交通技术随着时间的变化发生巨大的进步，直接影响了经济行为在空间上的分布。

对城市内部而言，交通方式的不断演化使得人类的活动范围不断增加，从而使得人们在面临土地租金和交通成本时能够拥有更多选择。在步行和马车时代，人类活动范围很小。在这一阶段，几乎所有的城市都呈现布局紧凑的特点，大多数城市的活动半径是 2 英里。1888 年，首条有轨电车线路的运行是城市交通的一个巨大飞跃。有轨电车结束了步行城市时代，使新的住宅区和工厂离开拥挤的市中心，产生新的城镇，并且老的核心区保持中心化优势，通过有轨电车，外围区域的人员涌入中心区工作或购物。这一时期中心地区和郊区的通勤逐渐出现，都市圈的发展形态开始呈现（McKelvey，1973）。相较于有轨电车，自 1908 年福特汽车公司开始采用流水线大批生产汽车后，汽车的普遍使用对城市空间形态产生了更为强烈的影响。汽车速度快、通行能力强、便捷舒适，再加上中心城区地租的不断上升，使得一部分追求舒适或者支付不起高地租的人群开始大范围地向外转移，也使得一部分企业向外转移。这一阶段，城市空间不断扩展，中心城市和外围郡县的通勤持续增加，都市区的城市形态快速发展。

在汽车时代，城市空间范围的扩张伴随着交通拥堵等的出现，一定程度上限制了城市空间范围的进一步扩大，中高速公路和环线公路的发展进一步放大了汽车对城市空间形态的影响。Baum-Snow（2007）发现，1950—1990 年美国洲际高速公路建设带来了城市内部人口分布的郊区化，其中每条射线状的高速公路使得城市中心的人口减少 9%；Baum-Snow 等（2017）使用中国 1990—2010 年的交通基础设施发展作为样本，发现中国射线状的公路和环状的高速公路带来城市生产的去中心化。高速公路向外延伸使得"以空间换时间"出现可能，同时人的聚集引发出新的城市核心，多中心都市圈发展开始出现。

交通不仅改变了城市内部的空间形态，也是塑造城市发展形态的重要力量。在人类历史的绝大部分时间，商品和劳动力的运输一直受制于人和动物的身体承受能力。交通技术发展中第一个最重要的发明是铁路。在铁路出现以前的世界里，不论远近，只要踏上旅途就意味着一场艰巨的冒险，许多人终生都未能走出其出生的小镇或农村，而流动性的缺乏成为阻碍经济和社会发展的主要因素。从 1830 年世界上第一条铁路主干线"利物浦—曼彻斯特铁路"在英国通车开始，铁路的出现大大降低了交通运输的成本。根据估计，使用铁路运送 1 吨货物 1 英里在 1890 年的成本为 18.5 美分（以 2001 年美元计价），而 2000 年该成本降低为 2 美分（Redding and Turner，2015）。新经济地理理论通过理论推导，发现高运输成本促进了资源的分散，而低运输成本则促进了产业集聚（Krugman，1979）。这一结论得到实证研究的支持（Fogel，1965；Duranton and Turner，2012）。交通成本的下降和工业化的发展，伴随着城市人口的不断增加，而且原来零散分布的众多小型市镇空间格局转变为若干个较大规模城市和众多小城市并存。Fogel（1965）关于 19 世纪美国的铁路建设对经济增长影响的研究表明，交通基础设施建设会对区域经济产生两方面的影响：一方面，交通基础设施的改善能够提升区域整体的经济活动；另一方面，交通基础设施会重构（reorganize）现有经济活动的分布。如果说铁路建设联通的还只是中心城市，那么二战以后各国掀起的高速公路建设热潮，则进一步加强了城市之间的联系，促进了中心城市的发展。Duranton 和 Turner（2012）对 1984—2004 年美国都市区就业增长率影响的研究发现，美国洲际高速公路能够显著提升沿线都市区的就业水平，10% 的公路里程增长会带来 20 年中 1.5% 的就业增长率提升。

城市群的形成和发展与交通运输成本的下降也密不可分。首先，高运输成本促进了资源的分散，低运输成本则促进了产业的集聚，而产业集聚的空间可以是城市或者城市群。交通发展不仅促进中心城市的发展，而且会促进地理接近的大城市和其周围小城市的区域一体化。其次，交通成本的降低也会促进城市之间的贸易成本降低，缩小城市之间的可贸易商品的价格差异，提高城市之间的贸易量（Donaldson，2016）。城市群内部便捷的交通网络降低了贸易成本，促进不同城市之间广泛而密集的贸易流，是城市群成为一个一体化区域的先决条件和重要保证。这一观点得到学者们的广泛认同。周一星（2003）强调都市连绵区要沿一条或多条交通走廊分布，并指出都市连绵区中大城市与周围地区保持强烈的交互作用和密切的社会经济联系；陆大道（2003）称城市群为"有一个流的空间",各个城市之间的人流、物流、资金流、信息流等每时每刻都在发生着频繁的流动。

2.4.2 通勤与同城化发展

通勤是现代城市生活的重要特征,而都市圈的划分则直接以通勤时间为标准。城市内交通基础设施的改善带来的通勤能力提升,会实质性地影响都市圈所表征的城市经济活动空间分布。这种影响主要通过两方面产生:一方面,以 Alonso(1964)和 Mills(1967)为代表的学者认为,城市通勤的改善能够提升城市劳动力的活动范围,扩展城市零地价的边界(即扩宽城市区域的范围),使城市的经济活动向外延伸。从都市圈的层面看,上述结论表明,都市圈内通勤的改善,能够使经济活动向外围城市转移,从而促进同城化的发展。另一方面,以 Helpman(1998)、Glaeser(2008)和 Redding(2015)为代表的学者认为,城市通勤的改善能够提升有效劳动的供给,使得公共交通更完善的中心城市对劳动力具有更强的吸引力,经济活动向中心城市集中。例如,Gibbons 和 Machin(2005)、Billings(2011)、Ahlfeld(2012)等都观察到,城市公共交通基础设施(轻轨、公交和地铁)的增加会使得城市人口和企业的分布更向城市中心集中。但是,要指出的是,城市的中心化和去中心化进程是同时进行的,并且城市经济活动的中心化与去中心化并不是相矛盾的过程。Glaeser 等(2008)在研究中就发现,美国都市区中的人口分布在城市中心区域和郊区同时增加了。我们认为,这主要是因为城市内通勤也可以区分为公共交通和私人通勤,地铁和公交车等公共交通使得城市的经济活动向城市中心集中,而城市道路的发展则使得自驾车通勤的居民能够进行距离城市中心更远的通勤。

通勤与都市圈同城化发展有以下四个方面的问题值得关注,这些问题给出了理解通勤与同城化发展的相关借鉴。第一,一般认为都市圈规模,包括用地规模和人口规模,是影响都市圈通勤的重要原因。都市圈规模越大，意味着经济活动或通勤会在更大范围内进行，通勤的时间或距离的上限会提升。但如果考虑中心城区与周边区域的区别，则可能出现差异性的结论。外围居民的通勤会随城市规模的扩大而增加，中心城区居民则不会受到显著影响。第二，高密度发展或蔓延式都市圈发展会影响通勤。都市圈密度越大、结构越紧凑，意味着都市圈内经济活动越相靠近，有利于减少通勤的时间和距离；但相应地，都市圈的高人口密度也会导致拥堵。而都市圈蔓延下城市边界的扩张，使得更多的人居住在远离城市中心的地方，导致通勤时间和距离的增加。第三，都市圈是单中心还是多中心会影响通勤。虽然单中心有着更高的集聚效应和规模效应，但多中心能够更好地分散单中心城市高强度的社会经济功能，缓解规模不经济和交通拥堵。这两者谁更有经济效益，在当前研究中还存在争议（孙斌栋、潘鑫，2008）。如果一个都市圈偏向于单中心，同城化发展就会受阻；多中心的都市圈通常具有更高的同城化水平。第四，居住和就业区位选择会影响都市圈内的通勤。当人们能在同一区域内就业和居住时，就能够避免较长时间的通勤，而职住不平衡会导致过量通勤（Brueckner, et al., 1999；Cevero，1996；Levine，1998）。但职住平衡的可实现性受到广泛的质疑，因为家庭中不同成员可能会有不同的就业区位，对住房大小、居住环境、学校质量等因素的考虑也使得人们不会只基于邻近性考虑住房的区位（Crane，1996）。职住空间的错配是否会导致通勤时间和距离的提升，在理论和实证方面都还存在争议（郑思齐等，2009）。

2.4.3 公共服务与同城化发展

城市、都市圈和城市群所呈现的空间形态与劳动力流动休戚相关。正是由于劳动力从分散的农村向某些地区集聚，城市才得以形成；劳动力在原有城市区域向城市周边地区的流动是都市圈形态形成的起因之一，城市群则是劳动力向少数城市群集中，并伴随都市圈连绵发展的结果。区域经济学使用空间均衡模型（Diamond，2016）分析劳动力的流动。劳动力偏向于具有高工资水平和便利性的地区，而拥有较高工资水平和便利性的地区由于住房的需求更高，居住成本通常也更高。因此，个人根据工资水平、便利性和居住成本在空间上的不同地区进行居住选择。在市场出清的条件下，劳动力在每个地区拥有的效用将相等，并实现空间上的均衡。

公共服务[①]属于城市便利性的重要组成部分。大量研究支持公共服务会影响劳动力在空间上位置的选择。最早的研究可以追溯到 Tiebout（1956）的"用脚投票"理论，该理论将地方公共服务加入人口迁移的效用模型中，认为居民会选择公共品和税收组合最符合其偏好的地区来居住。Oates（1969）关于公共服务和税收资本化的研究发现，地方房地产价值与实际房地产税之间负相关，与每年花费在公共学校的学生身上的平均支出正相关，公共服务与税率显著影响了人们的定居地选择。Day（1992）发现加拿大省级地方政府支出水平和支出结构影响省际人口迁移决策，健康和教育的人均支出越多的省份人口流入率越高。Sharp（1986）发现，在美国，住房质量与价格、教育质量和税率是人们考虑迁入某地的主要考虑因素。

大部分学者认为，公共服务是影响中国劳动力流动的重要因素之一。丁维莉和陆铭（2005）认为，在中国现有的教育财政体制的安排下，出现了居民为了获得更好的教育资源变换居住地的情况。汤韵和梁若冰（2009）利用省级加总数据对中国省级居民迁移率与地方公共支出之间的相关性进行了实证研究，发现地方公共支出在 2000 年之前对居民迁移的作用不显著，而在 2000 年、2005 年的迁移中有显著的正向影响。张丽等（2011）以第四次人口普查和 2005 年 1% 人口抽样调查中的省际人口迁移率为研究对

---

① 关于公共服务的定义很多，我们参考马庆钰（2005）的界定，公共服务指由法律授权的政府和非政府公共组织及有关工商企业，在纯粹公共物品、混合性公共物品以及特殊私人物品的生产和供给中所承担的职责。

象，发现地方财政支出增加时迁入人数会增加，相对于地方政府基本建设支出，以及文教、卫生和社会保障支出对人口迁移的影响更大。夏怡然和陆铭（2015）发现，劳动力选择流向某个城市，不仅是为了获得该城市更高的工资水平和就业机会，而且还为了享受该城市的基础教育和医疗服务等公共服务。

都市圈的同城化发展与公共服务水平高度相关。如果中心城市相较于外围城市具有更高的公共服务水平，中心城市会比外围城市具有更强的吸引人口的能力，这种情况下都市圈会更加偏向于一种单中心的空间结构，降低中心城市和外围城市的同城化发展。

2.4.4 土地利用政策与同城化发展

单中心模式会使得都市圈内的若干城市相互独立，不利于同城化的发展。高容积率出现在多数国家和城市，土地利用并非完全由市场力量决定，土地利用和不动产交易相关的各种政策和限制直接影响了一块土地是否被开发、如何被开发以及谁最终使用该块土地（Duranton and Puga，2015）。广义范围上看，土地使用的政策限制了土地开发的类型和强度。政策制定者通常限定土地用途，将不同土地利用者进行空间分离，并通过限定建筑的规模、设定容积率、规定城市的开发比例等控制城市发展的强度（Fischel，2000）。

外部性是解释土地利用政策的第一个原因（Stull，1974）。假设商业用地会产生污染和噪音，这种外部性会影响居民的效用，并且这种影响随个人远离商业用地而下降。使用城市单中心模型可以发现，如果不存在外部性，公司和居民为土地使用权竞价，并最终形成最优的商业用地和居民用地比例。负外部性则会降低居民居住在 CBD 的意愿，并降低居民的竞租曲线，而该外部性对公司并没有影响，因此商业用地的负外部性会抑制居民的土地选择。正的外部性也可能会扭曲不同用地类型的比例配置，公司可以从集聚经济效益中受益，这可能会产生一个低密度的、较大范围的 CBD。因此，土地利用政策通常首先要设定各种形式用地的比例。

居民对低密度环境和开放空间的偏好也可以用以解释土地利用政策的存在（Turner，2005）。即使在纽约、巴黎、伦敦等最密集的城市，公园、休闲空间和开放空间也占据土地形式的重要位置。居民对开放空间的偏爱也可以在住房市场上观察到。然而，如果没有政府的介入，居民对开放空间的关注则可能会阻碍城市的新开发和高密度发展。

另外，通勤具有拥堵外部性也是采取土地利用政策，特别是控制城市开发强度和密度的重要原因（Arnott and Inci，2006）。居民驾驶汽车或者乘坐公共交通到城市的中心和次中心工作，更多的汽车在公路上会带来拥堵，而城市土地利用的形式决定了中心或者次中心通勤范围内的人口数量。控制居民用地的地块大小和容积率、设定城市发展边界、提供更多的交通基础设施都是减少拥堵、提高城市土地利用效率的手段。

城市土地利用政策与都市圈同城化发展紧密相关，政策制定者决定了城市开发强度，哪些土地被开发，以及土地使用类型等要素。高密度、紧凑型的单中心城市发展边界的设定也会降低都市圈不同城市空间蔓延相交的可能性。

2.4.5　产业结构调整与同城化发展

同城化发展与产业结构的调整、产业空间分布的变化息息相关。过去几十年，在美国、欧洲国家和中国都出现了制造业向服务业发展的产业结构转换。同时，产业空间分布也发生了改变。制造业通常在空间上更加分散，而服务业则更加集中。

针对上述现象，一个可能的解释是服务业单位用地创造的价值更大，因此服务业占据土地价格更高的高密度大城市和城市的 CBD，而制造业则离开大城市和城市的中心。产业的生命周期理论是关于服务业和制造业空间分布变换的另外一种重要解释，年轻的行业更容易从知识溢出中获益，因此在空间上更加集聚，而且又进一步被集聚经济效应所强化（Desmet and Henderson，2015）。

Desmet 和 Rossi-Hansberg（2009）提出使用通用用途技术（general-purpose technology）的引入时间作为产业年龄。David 和 Wright（2003）、Jovanovic 和 Rousseau（2005）提出两类 20 世纪的通用目标技术是电力和信息技术。Jovanovic 和 Rousseau（2005）将通用目标技术扩散达到 1% 的时间作为该产业开始的时间；在电力方面，对应的是 1984 年，也就是尼亚加拉瀑布的第一个水电站建立的时间；在信息技术方面，对应的是 1971 年，也就是英特尔推出 4004 微处理器的时间。Jovanovic 和 Rousseau（2005）将通用用途技术的结束时间定义为技术扩散曲线变得更加平坦的时候；对应于电力行业是 1929 年，而信息技术行业并未到达结束时间。

信息技术行业主要影响的是服务业，而电力行业主要影响制造业（Desmet and Henderson，2015）。如果产业年龄是一个产业空间增长模式的主要影响因素，那么，可以认为 20 世纪初制造业的空间发展模式看起来和 20 世纪末服务业的发展非常相似，事实也确实如此。制造业并非一直在空间上扩散，在发展的早期制造业往往呈现出空间上的更加集中。

尽管制造业目前正在空间上发散，但并不会转移到太远的位置。事实上，尽管制造业的增长速度在原来的制造业集聚中心处较低，但在接近集聚中心的位置则增长较快（Desmet and Henderson，2015）。使用 20 世纪最后 30 年美国县级层面的数据，Desmet 和 Fafchamps（2006）发现制造业就业规模每增加 1%，本地制造业就业增长速度每年低 2%，但距离本地 40—50 公里之外县的制造业就业增长速度则每年高 0.1%—0.2%。因此，制造业的就业呈现郊区化而非农村化趋势，尽管大城市的制造业就业在流失，但临近大城市的中小城市则获得更多的制造业产业转移。上述发展规律契合都市圈内不同城市的产业分工和产业转移规律。

高科技制造业通常保留在原有的高密度区域以获得知识溢出，这是制造业不会扩散太远的重要原因。另外，公司通常将总部和商务服务部门放在大城市，而将生产部门放在临近的小城市。Duranton 和 Puga（2005）发现，从 1950 年开始，美国大城市已经从生产活动转向管理活动，而小城市刚好相反。进一步，Tecu（2013）发现，如果公司在同一个都市统计区提高工人数量会获得更大的研发回报。转移到成本更低的位置和从临近性获益之间的平衡也可以解释具有多个分支机构的公司并不会相距很远。对英国制造业的研究发现，同一公司的不同分支机构通常不会相距超过 50 公里（Duranton and Overman，2008）。因此，都市圈内的不同城市通常具有紧密的产业合作和分工，而较强的经济联系又进一步促进了都市圈内的同城化发展。

3

同城化发展的国际
经验与比较

超越单一城市，以都市圈为空间单位的同城化发展普遍存在于全球城市化进程中，是推进区域协调发展与布局，提高区域竞争力的重要空间战略选择。从世界城市发展的现实来看，英国、美国和日本较早开始了城市化的进程，并且形成了以伦敦、纽约和东京等全球城市为核心的都市圈。该三大国际都市圈是全球最具发展活力的地区，集聚了大量的人口与经济活动，有着较强的国际竞争力与较高的区域一体化程度。同时，在城市化进程中也采取了大量的同城化实践，积累了丰富的国际经验。本章将梳理并比较伦敦、纽约和东京三大国际都市圈的同城化发展进程、相关举措与面临的挑战，为中国都市圈的同城化发展提供重要借鉴。

Beyond a single city, urban integration with metropolitan areas as spatial units is commonly found in the global urbanization process, an important spatial, strategic choice to promote coordinated regional development and layout and improve regional competitiveness. From the world perspective of urban development, Britain, the United States, and Japan started the process of urbanization earlier. It formed the metropolitan areas with global cities such as London, New York, and Tokyo as the core. These three international metropolitan areas are the most dynamic regions globally, with many people and economic activities, and have strong international competitiveness and regional integration. At the same time, they have also adopted many urban integration practices in the urbanization process and accumulated rich international experience. This chapter will review and compare the urban integration process, related initiatives, and challenges faced by the three international metropolitan areas of London, New York, and Tokyo and provide an important reference for China's metropolitan areas.

3.1 伦敦都市圈的同城化及其发展进程

3.1.1 伦敦都市圈概况

1. 伦敦都市圈地理区位

伦敦都市圈（London metropolitan area）是世界五大都市圈之一，也是欧洲地区最大的都市圈，最早形成于 20 世纪 70 年代。伦敦都市圈整体上呈圈域式的结构特征。广义上讲，伦敦都市圈是以伦敦—利物浦为轴线，由伦敦、伯明翰、曼彻斯特、利物浦等多个大城市和其周围的众多中小城镇组成（图 3.1）。这一地区的总面积约 4.5 万平方公里，约占英国总面积的 18.4%，其经济和人口在英国占有核心地位。广义的伦敦都市圈也被视为伦敦都市圈的外圈，其内部空间又被划分为内伦敦（inner London）、大伦敦地区（the Greater London）和伦敦都市圈内圈三个圈层，具体空间范围如表 3.1 所示。

图 3.1
伦敦都市圈主要城市分布

资料来源：冯奎，《中外都市圈与中小城市发展》，中国发展出版社 2013 年版。

表 3.1

伦敦都市圈的空间结构划分

资料来源：冯奎，《中外都市圈与中小城市发展》，中国发展出版社 2013 年版。

空间圈层	空间范围	面 积
内伦敦	包括伦敦金融城在内的 14 个自治市	约 310 平方公里
大伦敦地区	包括内伦敦和外伦敦，共 33 个自治市	约 1 569 平方公里
伦敦都市圈内圈	大伦敦地区和其附近的 11 个郡	约 11 427 平方公里
伦敦都市圈外圈	广义的伦敦都市圈	约 4.5 万平方公里

内伦敦和外伦敦共同组成大伦敦地区（图 3.2），大伦敦地区也是伦敦都市圈最核心的部分，位于英国英格兰东南部。区域面积约为 1 569 平方公里，2020 年总人口约 890 万人，预计到 2040 年，人口将增长至 1 080 万左右。[①] 大伦敦地区在金融、商业服务、技术、创意产业和法律等领域拥有独特的优势，也是英国首要的政治中心、行政中心和金融中心，是英国的经济引擎，经济产出占英国经济总产出的 1/5 以上。

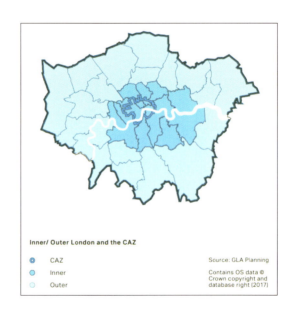

图 3.2

大伦敦地区中的内伦敦和外伦敦范围

资料来源：Mayor of London, 2021, "The London Plan—The Spatial Development Strategy for Greater London".

2. 伦敦都市圈的不同空间范围划分

基于不同的分析目的，可对伦敦都市圈进行不同的范围界定。

---

① 数据来自 Mayor of London，2021，"The London Plan—The Spatial Development Strategy for Greater London"。

如图 3.3 所示，大伦敦的建成区已经超越了其行政边界，可从更大的空间范围来定义伦敦。一种方式以经济边界来定义，该经济边界内的区域通常也被称为伦敦的城市功能区（functional urban area，FUA）或大都市区（larger urban zone，LUZ）。城市功能区的定义是按照欧盟—经合组织规定的标准，基于日常人口流动来划定城市经济和功能范围。城市功能区包括中心和外围通勤地区两部分。[①] 中心是人口和就业密度较高的核心区（core），外围是与核心区通勤联系密切的通勤区域（commuting field），如图 3.3 和图 3.4 所示。

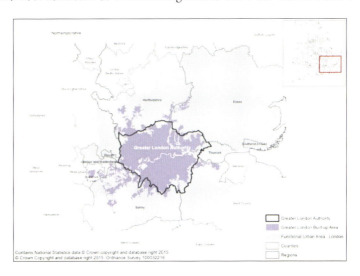

图 3.3
大伦敦的行政区划、建成区和城市功能区

资料来源：Mayor of London, 2016, Economic Evidence Base for London 2016.

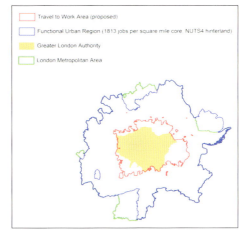

图 3.4
伦敦都市圈的不同空间范围划分

资料来源：Freeman, A., 2007 Defining and Measuring Metropolitan Regions，GLA Economics.

---

① 参见 Dijkstra，L.，H. Poelman，and P. Veneri，2019，"The eu-oecd definition of a functional urban area"，OECD Regional Development Working Papers。

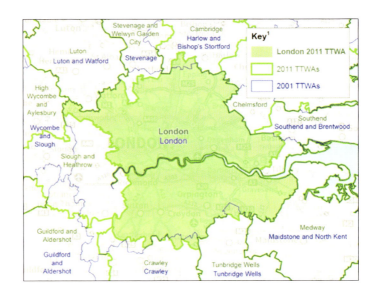

图 3.5
伦敦通勤区（TTWA）
2001—2011 年的范围
变化

资料来源: Contact, and A. G.
Bates, Commuting to Work,
Changes to Travel to Work
Areas: 2001 to 2011.

　　由于伦敦吸引了大量的周边人口到市区工作，因此，另一种定义伦敦的方式是通勤。这种以通勤来定义的区域叫做伦敦通勤区（travel to work area，TTWA）。伦敦通勤区的定义来源于英国国家统计局，是指基于"至少 75% 的常住劳动力在该地区工作，且至少 75% 的就业人口也居住在该地区。该地区还必须有至少 3 500 人从事经济活动的人口。然而对于就业人口超过 25 000 人的地区，该比例可降至 66.7%"的统计分析标准计算而得到的区域。从图 3.5 可以看出，伦敦的通勤区跨越行政边界向东和北延伸。但包括希思罗机场在内的西伦敦，并不是伦敦通勤区的一部分，而属于希思罗机场和斯劳机场通勤区。伦敦通勤区也是英国人口最多的通勤区，2014 年的人口为 836.9 万。[①]

　　表 3.2 展示了基于 2001 年的人口普查数据对以上四个空间范围的人口和就业分布情况的统计。从图 3.3、图 3.4 和表 3.2 可以看出，伦敦城市功能区的范围远远超过大伦敦的行政区划范围，与伦敦都市圈的范围接近。这主要由伦敦周围地区与伦敦密切的通勤联系所导致，同时，也体现了伦敦的经济和社会效益已辐射到更大的空间范围，交通发展带动了伦敦都市圈的一体化发展。

① 数据来自 Contact and R. Prothero, Travel to work area analysis in Great Britain: 2016.

表 3.2
伦敦不同空间范围的人口和就业情况统计

资料来源：Freeman, A., 2007, Defining and Measuring Metropolitan Regions，GLA Economics.

空 间 范 围	人口（人）	劳动力就业人口（人）
大伦敦（GLA）	7 172 091	3 805 655
伦敦城市功能区（FUR）	12 660 293	6 304 205
伦敦都市圈（London Metropolitan Area）	13 073 954	6 528 116
伦敦通勤区（London TTWA）	8 214 980	4 191 014

3.1.2　伦敦都市圈同城化发展的主要阶段及相关举措

1. 工业革命前：伦敦快速发展成为世界城市

伦敦是伦敦都市圈的中心城市，具有悠久的历史。18 世纪时，伦敦已发展成为英国重要的经济、贸易和金融中心，在全球经济中也具有领导地位。伦敦是工业革命的发源地，工业革命大大推动了伦敦的城市化进程，从 1801 年到 1851 年的 50 年时间里，伦敦的人口从 95.9 万增长至 236.3 万，增长了一倍多。[1] 这一时期还未形成伦敦都市圈，主要发展特征为中心城市伦敦高速发展，逐渐演化成为真正的世界城市。

2. 二战后：单核式同心圆规划与八大新城建设

这一阶段伦敦都市圈的同城化主要体现为同心圆规划和新城建设。二战后，伦敦面临战争导致的经济社会损害以及大城市病的困扰。政府对伦敦的重新规划和重建进行了积极探索。1944 年，由英国城市规划师艾伯克隆比（Patrick Abercrombie）主编的大伦敦规划（Great London Plan 1944）正式出版，该规划旨在解决二战后伦敦面临的人口快速增长、住房紧缺、就业岗位不足、娱乐和开放空间的建设以及交通拥堵五个主要问题。在 1944 版规划中，按照霍华德的花园城市理念（Howard's Garden City idea），艾伯克隆比采用了封闭的单核式同心圆系统，规划了以伦敦为中心，半径为 48 公里的四个同心圆（图 3.6）。从内向外分别为城市内环（inner urban ring）、郊区环（suburban ring）、绿带环（green belt

---

① 数据来自 Chandler, T. and G. Fox，1974，"3 000 years of urban growth"，*Population*，30（1），184。

ring）和乡村外环（outer county ring）。在该规划中，城市内环人口密度最高，每公顷 185—250 人，郊区环人口密度稍低，每公顷 125 人左右。第三层的绿带环可以起到缓冲城市过度扩张的作用。艾伯克隆比提出在最外层的乡村外环建设新城，以分散伦敦过度集中的人口和产业。

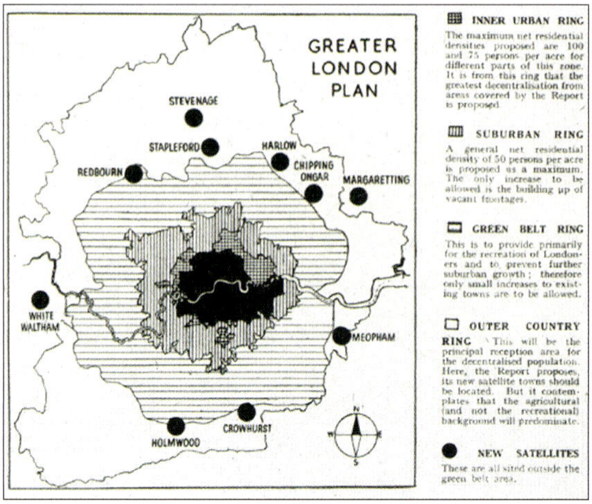

图 3.6
1944 版大伦敦规划中的四个同心圆规划

资料来源：Smith, A., 2019, Destination London: An Expanding Visitor Economy.

1946 年《新城法》（New Towns Act）的通过，掀起了新城建设的浪潮。1946—1949 年间，英国政府在伦敦都市圈的最外层乡村外环建设了八个新城。这些新城与 1944 版大伦敦规划中提出要建设的十座卫星城并不完全一致（图 3.7），但均在离伦敦 50 公里的半径范围内（表 3.3）。新城建设的目标是疏散和迁出过度集中在伦敦的人口和产业，缓解交通和住房拥挤，满足更多工业用地的需求。新城建设后，居民可以在新城内生活和工作，进而最大程度减少与伦敦的交通（Thomas，1969）。尽管最后未能完成 1944 年大伦敦规划提出的向新城疏散 100 万人口的目标，且因建设新城的高昂成本和市中心衰退的加速受到了一些批评（Aldridge 2017），但总体来说，新城规划是成功的，为大城市依托更大的空间范围，更加合理地利用土地和空间布局提供了新思路。在之后的发展中，新城也依托发达的铁路等交通基础设施与伦敦联系更加密切。

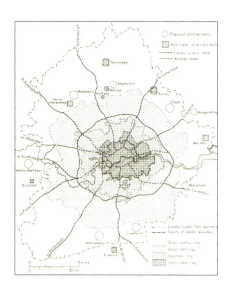

图 3.7
伦敦都市圈规划的卫星城
和实际建成的新城对比

资料来源：Hall，P.，M.
Tewdwr-Jones，2011，*Urban
and Regional Planning*，5th
ed，London：Routledge.

表 3.3
伦敦都市圈八大新城的人
口变化

年份	新　城	规划人口（千人）	2001 年人口（千人）	距伦敦距离（km）
1946	斯蒂夫尼杰（Stevenage）	5	8.2	50
1947	克劳利（Crawley）	6	10.1	47
1947	哈罗（Harlow）	6	8.8	40
1947	赫默尔普斯特德（Hemel Hempstead）	6	8.3	47
1948	哈特菲尔德（Hatfield）	2.5	3.2	32
1948	韦林田园城（Welwyn Garden）	5	4.4	35
1949	巴西尔登（Basildon）	5	10	48
1949	布雁克内尔（Bracknell）	2	7.1	45

资料来源：谈明洪、李秀彬：
《伦敦都市区新城发展及其对
我国城市发展的启示》，《经济
地理》2010 年第 11 期。

20 世纪 50 年代末，英国步入了经济稳步快速发展时期，第二阶段的新城建设浪潮兴起。有数量更多的新城在 1961—1970 年间开始建设。这一阶段伦敦都市圈内一个典型的新城代表为米尔顿·凯恩斯（Milton Keynes）。米尔顿·凯恩斯于 1967 年 1 月被规划为新城。相较于 40 年代末建成的八个新城，米尔顿·凯恩斯距离伦敦更远，位于伦敦西北 80 公里处；规划的人口目标也更多，为 25 万人。^①在不到 40 年的时间里，米尔顿·凯恩斯已从一个小城镇和村庄的集合发展成为重要的次区域中心，被认为是 20 世纪英国最大、最成功的新城。其人口从 1967 年的 6 万逐年增长至 2015 年的 26 万。

米尔顿·凯恩斯位于尤斯顿—伯明翰（Euston-Birmingham）走廊沿线，靠近伦敦、伯明翰和曼彻斯特等主要城市。拥有多条重要的交通连接线，包括 M1 高速公路、西海岸干线、东西铁路等，交通便利。^②产业方面，2018 年米尔顿·凯恩斯共有 20 700 家企业。其中，45% 为金融和商业企业，16.5% 为创意产业企业，

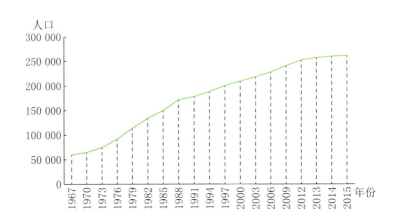

图 3.8
新城米尔顿·凯恩斯 1967—2015 年人口增长变化

资料来源：Milton Keynes Council，2017，"Milton Keynes Population Bulletin 2016/2017".

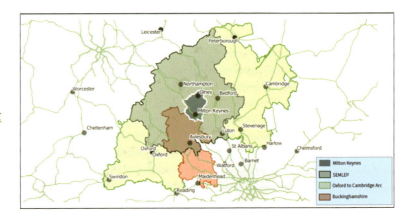

图 3.9
新城米尔顿·凯恩斯的区位条件

资料来源：Milton Keynes Council，2019，"Local Economic Assessment 2019".

---

① 数据来自迈克尔·布鲁顿等：《英国新城发展与建设》，《城市规划》2003 年第 12 期。

② 参见 Milton Keynes Council，2013，"Core Strategy"。

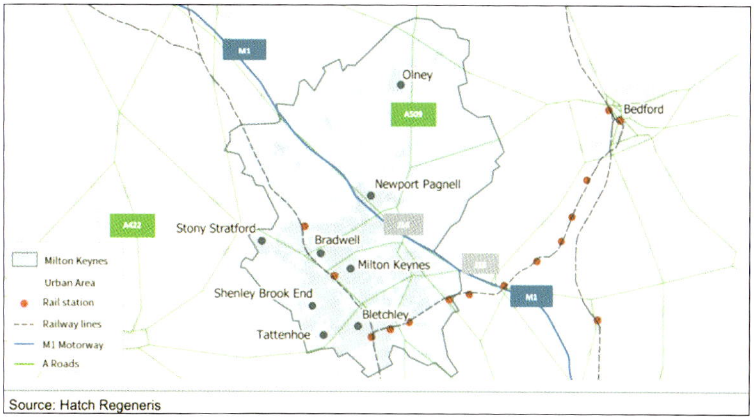

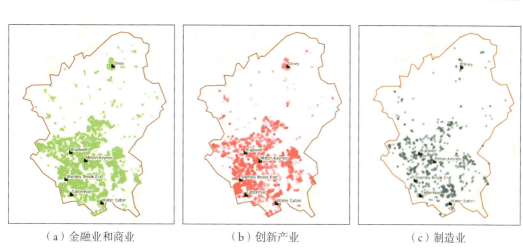

图 3.10

新城米尔顿·凯恩斯的交通条件

资料来源：Milton Keynes Council，2019，"Local Economic Assessment 2019".

（a）金融业和商业　　　　（b）创新产业　　　　（c）制造业

图 3.11

新城米尔顿·凯恩斯的产业分布

资料来源：Milton Keynes Council，2019，"Local Economic Assessment 2019".

5.3% 为制造业产业企业。

3. 21世纪以来：紧凑式精明增长与加强区域合作

21世纪以来，面对巨大的人口增长压力，伦敦开始追求紧凑式精明增长。与此同时，积极加强与其他区域的合作与联系，不断提高伦敦的吸引力。伦敦市政府（Greater London Authority）于2000年成立，负责管理大伦敦地区的交通、经济和空间发展，于2004年、2008年、2011年、2016年和2021年先后编制了五版大伦敦空间发展规划。为应对人口增长，伦敦市政府制定交通改善计划，重视交通和空间发展的协调性，加强区域间的联系，提

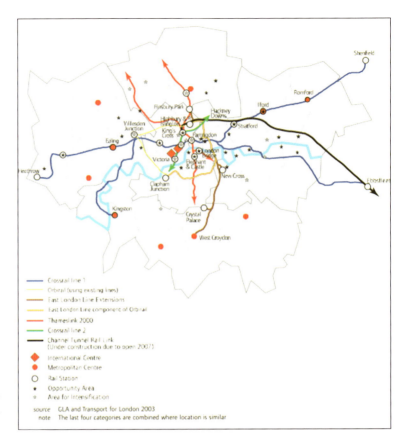

图 3.12
伦敦地区主要铁路运输计划和发展项目

资料来源：Mayor of London，2004，"The London Plan—The Spatial Development Strategy for Greater London".

高地铁、铁路等公共交通网络可达性，减少交通拥堵。

大伦敦现有的住房和劳动力市场的影响力远远超出了其行政界限。每天有 80 万名通勤者前往伦敦。大伦敦市政府也积极与英国东南部地区（Wider South East，WSE）开展合作，为共同面临的人口、经济、环境和交通等问题的挑战制定应对战略。英国东南部地区拥有 2 420 万人口，其中大伦敦地区人口为 890 万。预计到 2041 年，英国东南部地区的人口增速将超过英国其他地区，伦敦将增长 21%，伦敦以外的英国东南部地区将增长 17%。为适应英国东南部地区和伦敦的人口增长，以及更有效地制定战略政策和实施基础设施投资，现已通过举行非正式会议的形式推进伦敦与其东南部、英格兰东部地区的合作。

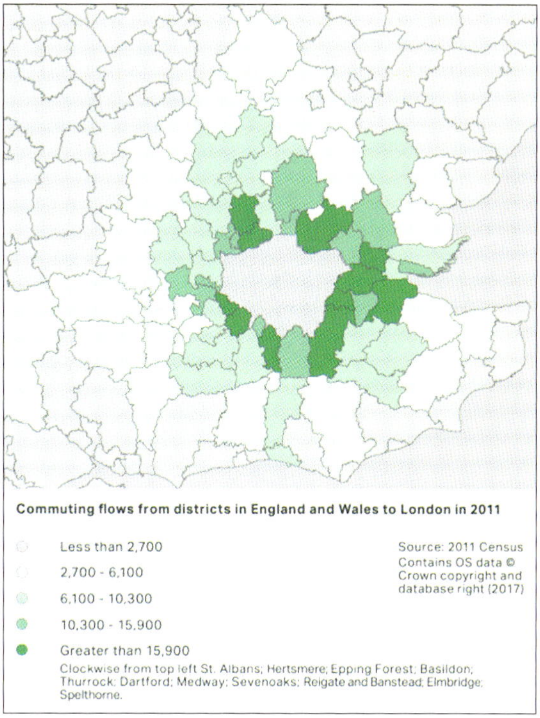

Commuting flows from districts in England and Wales to London in 2011

○ Less than 2,700
○ 2,700 - 6,100
○ 6,100 - 10,300
● 10,300 - 15,900
● Greater than 15,900

Source: 2011 Census
Contains OS data ©
Crown copyright and
database right (2017)

Clockwise from top left St. Albans; Hertsmere; Epping Forest; Basildon;
Thurrock; Dartford; Medway; Sevenoaks; Reigate and Banstead; Elmbridge;
Spelthorne.

图 3.13
2011 年伦敦与周边地区
的通勤情况

资料来源: Mayor of London,
2021，"The London Plan—
The Spatial Development
Strategy for Greater London"。

3.1.3　伦敦都市圈同城化面临的困难与挑战

　　伦敦都市圈具有丰富的同城化发展经验和创新的举措、政策，在空间规划、建设新城和跨区域合作等方面取得了不错的成效，但仍然面临着许多挑战。首先，伦敦都市圈面临着人口快速增长的巨大压力，造成了交通拥堵、住房缺乏和就业短缺等多方面的问题。新城的建设虽然能起到一定的疏散人口的效果，但难以实现伦敦就业和居住的平衡。其次，交通系统仍需不断完善。建设高效、清洁、有弹性的交通系统对伦敦都市圈的同城化和可持续发展至关重要。交通政策和交通基础设施建设需进一步加强伦敦和更广泛的东南部地区以及国际的交通连接，重视公共交通网络建设。最后，大伦敦政府需要积极开展与周围区域的跨行政区合作，共同应对人口增长和住房紧缺等问题。这需要制定长期的计划和合作，需要各地当局与企业的深化合作。

3.2 纽约都市圈的同城化及其发展进程

3.2.1 纽约都市圈概况

纽约都市圈指纽约—新泽西—康涅狄格大都市区（The New York-New Jersey-Connecticut Metropolitan Area），也即由美国区域规划协会（Regional Plan Association，RPA）编制的纽约大都市区规划所涵盖的地区。由于纽约大都市区地跨纽约州、康涅狄格州和新泽西州，因而也被称为"三州大都市区"，多简称"纽约大都市区"。自20世纪20年代起，美国区域规划协会便已开始编制长期发展规划，以指导纽约—新泽西—康涅狄格大都市区的发展。自1929年第一次纽约都市圈规划发布以来，美国区域规划协会已编制并发布了四次大都市区规划，分别是1929年、1968年、1996年和2017年。最新的规划文本中，纽约都市圈的空间范围与1968年保持一致，包括纽约州、康涅狄格州和新泽西州的部分地区，共31个县，面积约13 000平方英里（约33 669.8平方公里），2018年人口规模达2 300万。

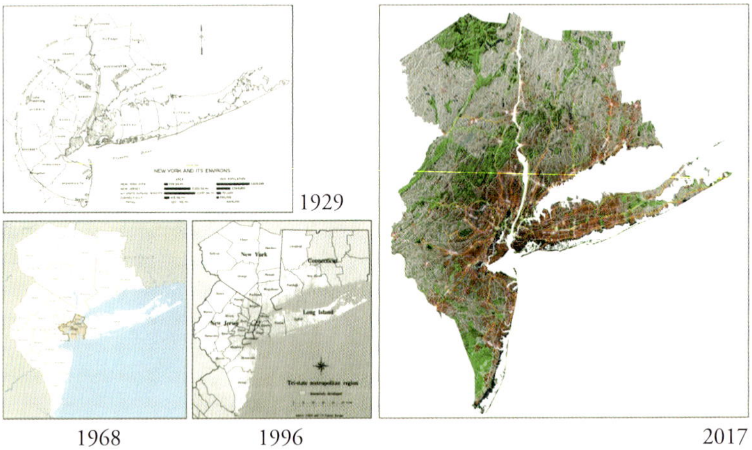

图 3.14
纽约都市圈（纽约大都市区）历次规划范围对比

资料来源：四次纽约大都市区规划（1929，1968，1996，2017），https://www.rpa.org.

1929

1968   1996   2017

此外，纽约都市圈所在区域还涉及"大都市统计区"的概念，纽约大都市区规划的空间范围与白宫管理与预算办公室所发布的

纽约—新泽西—宾夕法尼亚大都市统计区 ① （New York-Newark-
Jersey City，NY-NJ-PA Metropolitan Statistical Area）存在一定差异。
纽约—新泽西—宾夕法尼亚大都市统计区由纽约州、新泽西州和
宾夕法尼亚州的 23 个县组成，除宾夕法尼亚州的派克县（Pike
county）外，其余 22 个县均在纽约都市圈的规划范围中。与白宫
管理与预算办公室发布的大都市统计区相比，纽约都市圈的空间
范围更为广泛，涵盖了另外 9 个县。②

3.2.2　纽约都市圈同城化发展的主要阶段及相关举措

根据保罗·诺克斯（Paul L. Knox）等（2011）的研究，1875
年是美国在工业资本主义影响下，城市发展进入工业城市化时期
的一个重要节点，同时也是美国传统城镇关系发生显著变化的起
点。随着 19 世纪后期工业资本主义的稳定发展以及交通和通信网
络的逐步完善，美国的工业化发展异军突起，城市化进程随之加
速推进，纽约开始成为世界城市文明的前沿。

1. 工业化、行政扩张与大纽约的形成（19 世纪 70 年代至 20 世纪 20 年代）

回溯美国城市发展历程，在 1875 年工业城市时代之前，美国
城市奉行的是放任自由的重商主义政府和政治。19 世纪后期，随
着工业资本主义的发展，美国城市经历了进步时代政治运动，资
产阶级主张将政府的重心转移到吸引投资活动上来，减少腐败，

---

① 白宫管理与预算办公室（OMB）所发布的公告中，大都市统计区主要作为一种统计单元而存在，不具有行
政区划含义，划定大都市统计区只是出于数据搜集与分析的方便，不对美国现有行政区划等级体系进行修
改。关于大都市统计区的具体说明详见 OMB 发布的公告，具体网址如下：https://www.whitehouse.gov/omb/
information-for-agencies/bulletins/。
② 9 个县分别是：纽约州的阿尔斯特县（Ulster County）、沙利文县（Sullivan County）、达奇斯县（Dutchess
County）、橙县（Orange County），新泽西州的默瑟县（Mercer County）、沃伦县（Warren County），以及康
涅狄格州的费尔菲尔德县（Fairfield County）、里奇菲尔德县（Litchfield County）和纽黑文县（New Haven
County）。

提高城市管理效率，增强城市整体竞争力（陶希东，2021）。随后，美国的城市在普遍建立委员制和城市经理制的同时，纷纷采取加速合并城市空间（中心城区合并郊区）、扩大城市规模经济的方式来推动自身的转型发展。

纽约都市圈早期的城市建成区域主要位于曼哈顿半岛，从1800年开始，城市边界向皇后区和布鲁克林地区扩张，但城市建成区面积较小，且空间分布较为松散，与周边地区的联系较少。到了19世纪70年代，得益于工业化进程的快速推进，纽约都市圈城市规模不断扩大。1898年，布鲁克林区（金斯县，Kings County）、皇后区（皇后县，Queens County）、布朗克斯区（布朗克斯县，Bronx County）以及斯塔滕岛（里士满县，Richmond County）正式纳入纽约市行政区划范围，与曼哈顿区（纽约县，New York County）一起组成新的大纽约。合并后纽约市的行政区划面积约为930平方公里，成为当时世界上第二大城市，人口规模近350万，仅次于伦敦。1904年，纽约的地铁系统开始合并运作，进一步巩固了这座全新的城市；1920年，纽约市的人口达到562万。[①]

原本集中在曼哈顿的制造业由于该轮扩张有了更多的区位选择，开始转移到其他区域。20世纪20年代，曼哈顿成为金融、贸易、广告、媒体等服务产业的聚集地，而布鲁克林和皇后区的产业主要包括金属产品业、机械业、纺织成衣业、造纸业、电器业；布朗克斯主要是住宅区，仅在南部地区有食品加工、成衣制造等产业；斯塔滕岛则主要发展运输业及炼油业。这一时期，纽约整个区域城市化水平提高，有近三分之二的人口从事非农产业（刘玲，2013）。虽然这一时期失业率很低，且人均收入增长较快，但贫困和居住拥挤问题依旧困扰着大部分居民。

2. 大都市区化："黄金时代"的初步探索（20世纪20年代至40年代）

1914年巴拿马运河开通，增加了纽约港的航运需求，纽约进

---

① 根据1929年版《纽约及其周边地区规划》所载1920年主要地区人口数据计算得到。

入大发展时代。从全国范围看，1920 年美国的城市人口超过农村人口，且大城市的人口逐渐向郊区迁移。20 世纪 20 年代初，纽约超越伦敦，成为世界上人口最多的城市（武廷海、高元，2016）。在高度自治的地方政府治理体系下，纽约难以有效应对爆炸式的人口增长，公共利益需求无法及时得到满足，一些区域性的治理措施应运而生。经济大萧条时期的罗斯福新政将凯恩斯主义引入城市和大都市区的发展之中，不仅重组了联邦政府同各城市之间的关系，而且带来了大都市层面的政治再结盟，为纽约都市圈同城化带来了全新的实践。

在这一背景下，纽约都市圈于 1921 年组建了跨州合作机构——纽约—新泽西港务局（简称纽新港务局），着手改善交通和海港设施，协调不同港区发展，以增强大纽约地区的经济竞争力。三区桥梁和隧道管理局（TriBorough Bridge and Tunnel Authority，TBTA）于 1933 年成立，后合并为大都市交通管理局（Metropolitan Transportation Authority，MTA）。与此同时，民间力量于 1922 年自发成立了非营利性跨区域规划机构——区域规划协会，通过对纽约都市圈进行规划研究，为区内经济社会活动开展提供了空间框架。

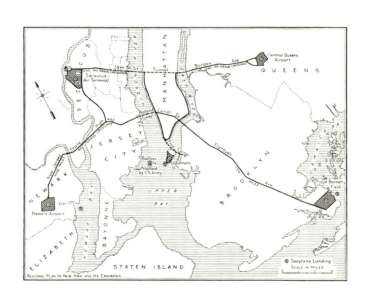

图 3.15
1929 年纽约市及周边地区交通基础设施规划示意图

资料来源：RPA，Regional Plan of New York and Its Environs，1929，https://www.rpa.org.

在具体措施上，纽约都市圈主要通过建立开放空间、加强交通基础设施建设、建设卫星城等政策，促进都市圈内的城市共享重要的经济、交通和开发空间系统，加强彼此间的经济社会联系。以高速公路和隧道连接新泽西州的纽瓦克、斯考克斯，纽约市的曼哈顿、皇后区，以及布鲁克林区，将港口迁出曼哈顿，在纽瓦克建造了世界上第一个集装箱海港；连接纽约市曼哈顿与新泽西州李堡的乔治·华盛顿大桥于1931年正式启用。此外，许多重要的城市建设和基础设施项目在20世纪中叶建成，包括韦拉扎诺海峡大桥和三区大桥①、皇后区至曼哈顿的中城隧道和布鲁克林大桥隧道、拉瓜迪亚、纽瓦克和肯尼迪机场，以及连接梅里特（康涅狄格州）、长岛（纽约州）和帕利塞德（新泽西州）的州际公路。

城市空间的扩大缓解了高密度居住人口带来的城市发展压力，便利的交通体系使城市居民有了更多的居住选择，也吸引了更多外来人口的流入，纽约在1940年时的人口规模达到700万。20世纪上半叶，纽约成为世界工业、商业和通信业的中心。这一时期，都市圈内的交通基础设施建设密切了区内城市间的联系，同时也加快了产业在不同城市间的转移。中、低收入人群的住房需求在同城化过程中却被忽视，且由于铁路私有，跨区域的轨道交通建设规划也未能实现。

3. 战后的繁荣：后工业化时代的都市圈同城化（20世纪40年代至90年代）

二战结束后，美国经济再度繁荣。政府鼓励发展小汽车行业及在城市外围开展建设，1962年的《高速公路法案》加速了郊区化进程。20世纪60年代，中心区域企业纷纷离开曼哈顿以促进郊区发展。1950—1965年，1/5的曼哈顿居民搬到了郊区，郊区人口增长了63%，1945—1970年，高速路网扩张了三倍，轨道交通

---

① 三区大桥也被称为罗伯特·肯尼迪大桥，位于美国纽约市，经由两个人工岛来连接纽约市曼哈顿、布朗克斯、皇后区等三个区，跨越浩尔盖特峡、哈林河与布朗克斯溪。

系统则相对萎缩，地铁客流量减少了一半。

　　随着旧城中心大量高薪制造业岗位的消失，城市内部的经济基础也开始发生转变。20世纪70年代初的经济滞胀也给纽约都市圈的发展带来了较大冲击，高失业率和高通货膨胀阻碍了都市圈整体经济实力的进一步提升。郊区化和新城建设带来的城市蔓延和通勤问题，日益扩大的贫富差距，生态环境的恶化，以及住房问题始终困扰着都市圈的发展。

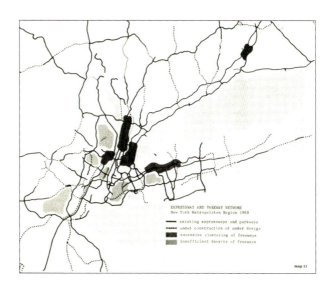

图 3.16
1968 年纽约都市圈主要交通线规划网示意图

资料来源：RPA, The Second Regional Plan: A Draft for Discussion, 1968, https://www.rpa.org.

　　在此期间，区域规划协会（RPA）识别并量化了由城市蔓延引起的环境退化和旧城中心的衰落。RPA倡导通过区域合作共渡难关，并积极解决公共交通低效、生态环境污染和种族隔离等经济、社会和环境问题。在产业发展上，RPA呼吁曼哈顿成为全美范围内的商业、金融和文化中心，并在斯坦福德（Stamford）、新不伦斯维克（New Brunswick）和白原市（White Plains）等城市建设次区域就业中心。RPA通过"再集中"（reconcentration）策略，将就业集中于卫星城；通过恢复区域公共交通体系，解决郊区蔓延和城区衰落问题；建设多元化社区，注重职住平衡。为此，RPA在第二次都市圈规划中提出了建立新城市中心、塑造多样化住宅、

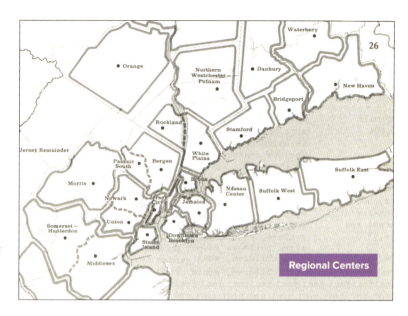

图 3.17
纽约都市圈区域中心分布
情况

资料来源：同图 3.16。

改善老城区服务设施、保护城市未开发地区生态景观和实施公共
交通运输规划等五项原则。

　　RPA 在不同政府部门之间进行协调，成功促使联邦政府像此
前建设高速公路一样推动公共交通发展，并对区域间的通勤铁路
系统建设提供了正确指导。在 RPA 的建议下，联邦政府不断完善
都市圈内部的地铁、通勤铁路和公共汽车网络，以改变各次中心
只能借助汽车进行通勤的状况，增强了彼此孤立的办公园区间的
联系。与此同时，联邦政府新组建成立大都市运输管理局，将地
铁、公共汽车、通勤铁路和桥梁、隧道收费设施等的管理集中于
一体，以提升公共交通运输体系的运行效率。城市地铁系统在 20
世纪 90 年代中期得以恢复，在遏制城市无序蔓延的同时，保护了
大量开敞空间。

　　20 世纪 50 年代到 90 年代，随着州际高速公路、汽车的规模
化使用和通勤铁路的建设，纽约都市圈城市化和同城化进程不断
加速，工业城市衰退和新兴城市发展并存，进入大都市区化发展
的新阶段，大都市区正式成为美国官方人口和社会经济统计的新
单元。大都市空间动态变化特征发生了巨大转变，但在地理政治

上开始出现碎片化格局，各政区之间开始面临基础设施、输水、公共服务等方面的矛盾，中心城市处理城市变化和发展的能力出现下降，加剧了社会的空间隔离。

4. 全球化时代：迈向区域合作的全球城市区域（20 世纪 90 年代至今）

进入 20 世纪 90 年代，纽约都市圈经济增长缓慢而波动，区域发展面临巨大挑战，既包含技术和全球化竞争，也包括社会、环境问题的恶化，区域财富增长的可持续性和世界领导地位受到威胁。随着增长管理运动波及全美，精明增长逐渐成为引导都市圈发展的基本策略。为此，城市管理者提出将三州大都市圈作为一个整体参与全球经济竞争，通过整合经济、公平和环境推动区域发展，从而增加区域的全球竞争力。

1996 年，美国正式实施东北部沿岸城市带规划，确立了建设纽约都市圈的全新理念。其核心是要在经济全球化进程中扩大地区竞争力，使纽约与新泽西、康涅狄格等地实现共同繁荣，并以"再连接、再中心化"的思路指导都市圈同城化发展。第三次纽约都市圈规划（1996 年）确定了从纽黑文到特伦顿再到米尼奥拉的 11 个地区中心城市，[①] 进一步强调了公共交通网络对地区发展的重要性，并持续推进机场与地铁站的连接交通和通勤铁路建设。2000 年，20 英里长的哈德逊—卑尔根轻轨开始运营，连接起泽西城、霍博肯等城市。

第四次都市圈规划提出对纽约大都市运输局和纽约—新泽西港务局进行改革，进一步完善地铁运输系统，并对区域交通运输网进行扩张、整合，推进交通现代化建设。规划提出，通过在哈德逊河下游建造新的铁路隧道来增加纽约和新泽西之间的铁路服务，综合交通基础设施的完善有效巩固了都市圈的同城化。

---

① 11 个地区中心城市分别是：纽黑文、布里奇波特、斯坦福德、怀特普莱恩斯、波基普西、希克斯维尔、米尼奥拉、牙买加、纽瓦克、新不伦瑞克和特伦顿。

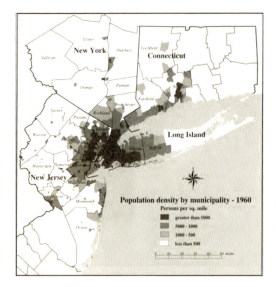
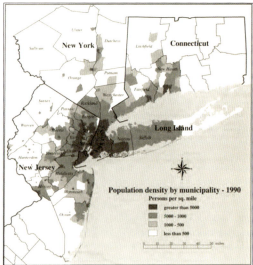

图 3.18
1960 年、1990 年纽约
都市圈主要城市人口密度
变化情况

资料来源：RPA，A Region at
Risk—The Third Regional Plan
for The New York-New Jersey-
Connecticut Metropolitan
Area，1996，https://www.
rpa.org.

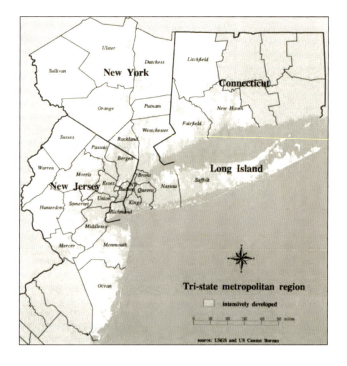

图 3.19
第三次纽约都市圈规划空
间范围示意图

资料来源：同图 3.18。

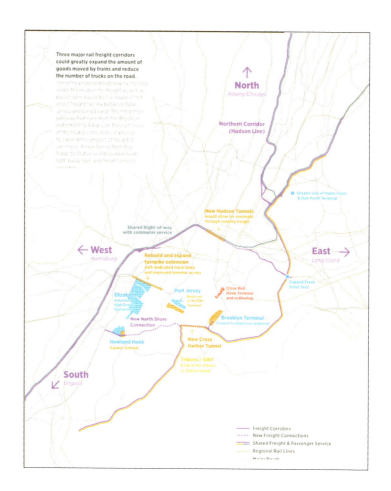

图 3.20
纽约都市圈重要交通基础设施规划示意图

资料来源: RPA, The Fourth Regional Plan—Making the Region Work for All of Us, 2017, https://www.rpa.org.

3.2.3　纽约都市圈同城化面临的困难与挑战

　　1996—2015 年的 20 年里，三州地区增加了 230 万居民和 150 万就业岗位。由于公共卫生条件和生态环境改善，人口预期寿命超过美国平均水平，犯罪率持续下降；发达的公共交通系统促进了便利的出行，交通客流量不断增加。区域经济整体得以协调发展，郊区各管辖区域之间的合作互动日益频繁。20 世纪 90 年代以来，纽约都市圈内部城市空间结构趋于稳定，多中心的区域一体化发展格局日渐形成。中心城市纽约凭借其科技、资本和产业优势，在产业结构调整中发挥了先导和创新作用，最终使中心城市的实力和地位得到增强，且周围地区也获得了良好的发展契机。

在发展目标导向上，都市圈从单纯的物质空间发展转向以人为本的可持续发展，区域发展平衡、收入分配调节、公共服务供给、居住条件改善以及体制和机构改革成为这一时期同城化发展的主题，交通基础设施建设贯穿其中。

需要指出的是，当前纽约都市圈的发展也面临一系列新的挑战。从 RPA 的第三次、第四次规划及相关评估报告中可见一斑。州政府决策割裂，地方发展与区域经济结构脱节，高质量的医疗、教育和住房资源供给不足且分布不均，种族隔离和阶层分化日益严峻，基础设施老化，公共机构负债增加，工薪阶层收入停滞不前，以及区域气候变化等问题正威胁着区域可持续发展和市民生活质量的提升，亟待新的措施应对。

3.3　东京都市圈的同城化及其发展进程

3.3.1　东京都市圈概况

广义上，东京都市圈是由处在中心位置的东京市区和半径 100公里范围内的神奈川县、埼玉县、千叶县、山梨县、栃木县、茨城县及群马县七县共同组成的大都市圈（图 3.21，表 3.4）。东京

图 3.21
东京都市圈区位和界限图

资料来源：https://www.metro.
tokyo.lg.jp/ENGLISH/ABOUT/
HISTORY/history02.htm.

都市圈占地面积为 3.69 万平方公里，占全日本面积的 9.8%；人口则达 4 000 多万人，占全日本人口的 1/3 以上；经济总量接近全日本的一半；城市化水平达到 90%。[①] 目前，东京都市圈发展越来越成熟，都市圈内城市格局趋稳，发达的交通网络系统为同城化发展奠定了良好基础。

表 3.4
东京都市圈概况

区　域	范　围	面积（km²）	人口（万人）
中心城	23 个区构成的区部	622	895
东京都	23 个区，26 个卫星城、7 个町、8 个村	2 188	1 364
东京都市圈	东京都，埼玉、千叶、神奈川（即"一都三县"）	13 554	3 800
首都圈	东京都市圈，茨城、栃木、群马、山梨（即"一都七县"）	36 879	4 347

资料来源：华智、李朝阳，《东京都市圈轨道交通发展对上海大都市圈的启示》，《上海城市理论》2018 年第 5 期。

3.3.2　东京都市圈同城化发展的主要阶段及相关举措

1. 工业化、城市化的推进与都市圈早期发展（19 世纪 60 年代至 20 世纪 40 年代）

19 世纪 60 年代，日本开始进入工业化时代，东京的城市化和产业化进程不断加快。工业化进程产生了大量的劳动力需求，促使周边城市越来越多的人涌入东京，初步确立了东京都心的城市核心地位。19 世纪 80 年代起，东京开始建立以货运功能为主的铁路设施系统，方便将市内资源运输到周边商贸区。20 世纪初，东京市内也加大了城市基础设施建设，有轨电车交汇的地方人流密集，逐渐形成了商业和办公中心，出现了乘坐有轨电车在都心和郊外之间通勤的现象。东京市内的有轨电车线路推进城市中心区的发展，郊区的铁路网络则推动城市向郊区扩张（彭嘉启，2013）。

20 世纪 20 年代，市区内商业和办公区高度集中，对外辐射能力增强，逐渐成为东京地区的核心。在《东京特别都市计划》指

---

① 数据来自张军扩等：《东京都市圈的发展模式、治理经验及启示》，《中国经济时报》2016 年 8 月 19 日。

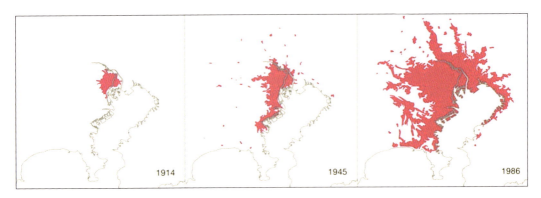

1914　　　　　　　　　　　1945　　　　　　　　　　　1986

图 3.22
东京都市圈早期人口集中地区范围变化

资料来源：Murayama, A., N. Hayakawa, and J. Okata, 2006, "Toward Comparative Study on Spatial Planning Issues and Approaches in Diverse Megacities-Tokyo and Megacities around the World", In 2006 World Planning School Congress，July，Mexico City.

导下，东京不仅快速完成了地震灾后基础设施重建，还加强了连接都心和郊区的放射性轨道网络建设，促进人口沿轨道进一步向郊区流动。东京早期人口集中地区的范围变化如图 3.22 所示，这一阶段，更多的人选择到郊区居住，中远距离的通勤出行逐渐增多。

2. 战后经济恢复与都市圈空间扩张（20 世纪 40 年代至 80 年代）

二战后，日本迎来婴儿潮，人口大幅度增长的同时，经济飞速发展，重工业逐渐成为支柱产业，大量农村人口涌向城市。从那时起，日本开始大规模修建轨道交通，在沿线开发住房，并推动购房政策的实施。东京都市圈开始沿着轨道交通线路扩张，中心人口增长率降低，交通沿线和边缘区域人口增长迅速（刘龙胜，

图 3.23
日本首都圈内政府主导开发的卫星城

资料来源：彭嘉启，《日本大都市圈考察研究》，陕西师范大学，2013。

2013）。20 世纪 50 年代，政府为解决城市拥挤问题，在距离城市
1.5 小时的通勤半径内设立卫星城市。卫星城市的开发，进一步增
加了铁道的建设以及车站的设立。

东京都市圈发展的一大优势是发达的交通网络系统。1950 年
起，东京及周边区域大规模建设高速公路、铁路交通网络，由新
干线、轻轨和地铁构成总长约 2 865 公里的区域轨道交通网络，到
东京环市中心的轻轨线把都心和七大副都心连接起来，构成以副
都心为起点、呈放射状向近郊和邻近中小城市延伸的交通网络格
局（魏庆，2015）。发达的交通网络扩大了人口分布和就业通勤范
围，同时也拉近了中心城区与卫星城市、副中心的距离。这一举
措有效推动了中心城市功能向周边新城疏解，转移中心城市过密

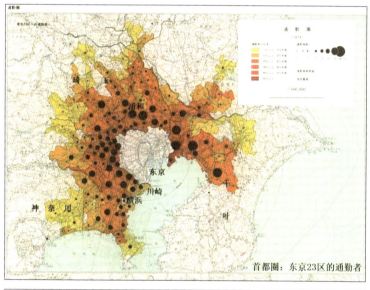

首都圈：东京23区的通勤者

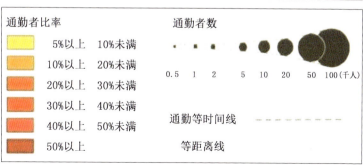

图 3.24
日本东京都市圈通勤范围
示意图

资料来源：彭嘉启，《日本大
都市圈考察研究》，陕西师范
大学，2013。

的产业、人口，也促进了区域之间人才、资源的快速流动，加速区域内资源要素的合理配置，加快了同城化进程。

这一阶段，东京逐渐由单一的城市发展为都市圈的核心。中心城市以外人口集中地区呈现出明显的沿轨道线路分布的特征，表明轨道交通对都市圈形成起到了关键作用。随着经济发展和城市不断蔓延，东京地区职住分离现象日益明显，向心通勤量剧增。从人口规模看，1975 年，日本全国的就业人数为 5 314 万，东京都市圈昼间就业人数为 612 万，占全国总就业人口的 12%。其中，近 1/3 的人口，即 203 万人需要在区域之间通勤。从通勤人口的主要居住地来看，东京都内 42 万人、埼玉县 56 万人、千叶县 44 万人、神奈川县 45 万人，即邻近县与都区之间的通勤者占到了全部通勤者的 71%。从通勤距离来看，按照总通勤人口的 90% 所在的区域半径确定都市圈通勤范围，东京都区域的通勤呈 50 公里半径圈。

3. 市中心与外围县市联系紧密，同城化加快推进（20 世纪 80 年代至今）

泡沫经济时期，中心城市房价大幅上涨，为避免购房或租房压力，人们选择去周边地区居住，增加了中心地带和周边地区之间的通勤，逐渐形成了以东京为中心的首都圈。这一阶段，都市圈的单中心城市形态进一步强化，城市功能的过度集中导致居住和就业用地的失衡，大规模轨道网络和高速公路网建设也强化了这一趋势。泡沫经济破裂后，市中心的就业岗位数量下降，人口向市中心集中的趋势放缓，部分人群选择在外围城市就近就业，在一定程度上缓解了通勤高峰时段的交通压力，促进了外围城市的建设和发展。

1997 年后，一些市中心的产业开始向外围城市转移，丰富了外围城市功能。外围城市与中心城市的差距逐渐缩小，人口规模和就业岗位数量持续上升。这一阶段，东京强调中心城市就业功能和外围城市居住功能的复合，通过优化土地利用结构，构建功能混合的城市街区，以遏制大范围的职住分离。现阶段，东京市中心与外围县市通勤较为频繁，通勤范围扩大至远郊。在都市圈总体交通量中，中心城内部的交通量占比不到一半，而市中心与外围地区的通勤量占到 40%—63%。通勤长轴半径多年来基本稳定在 50 公里左右，都市圈客流主要集中在 30 公里圈层内，通勤距离在 50 公里以上的客流显著下降。[①]

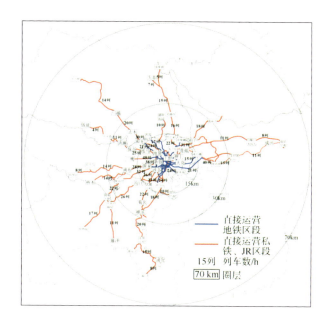

图 3.25
东京都市圈直通运营区段交通线网分布

资料来源：贺鹏，《东京轨道交通直通运营特征分析及启示》，《都市快轨交通》2021年第 5 期。

　　在更大范围的首都圈发展过程中，东京作为中心城市势必会吸引各种要素资源和人才的流入，这将导致中心地区拥挤不堪，造成地价上涨、城市拥挤、环境恶化等问题，而周边小城市则出现经济下滑、人口流失的状况。在这种局面下，过分依赖行政手段调节是没有效果的，但可以通过协调地区之间的产业分工来妥善解决。首都圈中处于核心位置的东京具有强大吸引力，对周边地区造成巨大的竞争压力，但其周边城市并没有产生经济衰退的迹象。这是因为周边地区与东京建立了合作机制，通过协商与沟通，发展各自的优势产业，实现错位发展。如埼玉县主要发展机械工业与旅游产业，千叶县主要发展石油化工、钢铁等重化工业，神奈川县主要发展港口和机械、电子等产业。东京将过剩产业转

---

① 数据来自 https://www.sohu.com/a/498969189_121123909。

移到周边城市，在缓解自身压力的同时，也给周边城市带来了生机，促进周边城市经济快速发展。因此，在日本首都圈建设发展过程中，核心城市与周边城市之间形成了竞争中有合作，合作中有竞争的关系，促进了都市圈向同城化迈进。

为保证首都圈各区域统一协调发展，日本政府进行规划时从宏观视角考虑，着眼于大局发展，制定适用于整个都市圈区域发展的政策。主要举措是构建交通、环境、信息共享平台，促进产业一体化与行政体系改革等。日本政府还通过改善财政税收职能，引导都市圈内产业均衡发展：一是通过国家项目扶持边远、落后地区的基础设施建设，提供国家贷款支持；二是通过政策性银行进行专项贷款和导向贷款；三是通过财政转移支付，补贴地区发展项目；四是通过财政补贴等优惠措施，促进新兴产业城市的开发（田庆立，2017）。

3.3.3 东京都市圈同城化面临的困难与挑战

东京都市圈的同城化主要面临两方面的困难与挑战。一方面是日益严峻的老龄化问题带来的挑战。首先，人口减少及人口老龄化造成适龄劳动力较少，劳动力的平均年龄上升，严重影响东京都市圈的经济活力，还可能使企业劳动成本上升。一些企业可能会缩减产能，从而导致物价的上涨。其次，劳动力的短缺也可能不适于原有的产业结构和发展模式，引起产业结构的调整。原有的部分支柱产业可能面临危机，医疗养老业和信息通信业等产业将会迎来新的发展机遇。最后，老龄化也会加重医疗、社会保障的压力，增加财政支出及税收，给整个社会造成负担。

另一方面是经济增长缓慢，国际竞争力持续下降。自20世纪90年代初经济泡沫破灭以来，日本经济增长较为缓慢。东京都市圈是日本人口的净流入区，但由于经济增长乏力，长时间缺乏国际竞争力。经济增速下降会影响城市之间的贸易、交通的往来，不利于市场一体化和城际流动性，导致同城化进程减缓。

4

同城化的评价体系

同城化是区域一体化中人口和经济密度最高的一种存在形态，是区域发展走向均衡的必经阶段。测度同城化水平是研究城市集群和都市圈的重要课题。我们从相关性及相似性两个角度，构建评价同城化的指标体系，并对上海都市圈的同城化水平进行测算。

Urban integration is the most densely populated and economically dense form of regional integration and is a necessary stage for regional development towards equilibrium. Therefore，measuring the level of urban integration is an important issue in studying urban clusters and metropolitan areas. We have constructed an index system to evaluate urban integration from two perspectives of correlation and similarity and measured the level of urban integration in the Shanghai metropolitan area.

4.1　同城化的评价方法及相关研究

目前，关于同城化或区域一体化水平的测度和判定方法，大致分为三种。（1）区域总体指标法。曾群华等（2012）利用城市公路里程、常住人口及 GDP 占区域比重，来衡量沪苏嘉同城化水平。郝良峰、邱斌（2016）采用区域的人均 GDP、客流量及货流量指标，作为测评长三角地区经济联系强度的代理变量。（2）差异性指标法。郝良峰、邱斌（2016）通过计算商品市场的价格差异及劳动力市场的工资差异，测度了长三角地区的市场一体化水平。武义青、赵建强（2017）采用基本教育服务、社保和就业、医疗服务等方面的差异性指标，作为衡量长三角地区的一体化水平的代理变量。（3）相关性指标法。该方法通常分为两种，一是利用各城市数据构建相关性模型来衡量同城化水平。例如，张菊伟、李碧珍（2012）通过构建产业结构协调指数，对福（州）莆（田）宁（德）同城化经济效应进行测度。李迎成、王兴平（2013）通过构建引力模型，对沪（上海）宁（南京）高速走廊地区同城化效应进行了测度。罗小军等（2017）利用 GDP 数据，通过相关性系数衡量成（都）德（阳）同城化水平。二是利用城市间的紧密程度指标来衡量同城化水平。郝良峰、邱斌（2016）利用两地之间的铁路、公路距离及人口数据，计算了长三角地区的基础设施同城化水平。周轶男等采用城市间的时空距离、通勤流量、社会认可等指标，衡量了宁波、余姚、慈溪的同城化水平。

学者也从不同维度对同城化的动力机制及影响因素展开研究。范弘雨（2008）针对宁夏沿黄城市群提出，"同城化"不是"同一化"，也不是简单的规模扩张，而是形成辐射力、扩散力与竞争力越来越强的板块经济，其内涵应包含交通网络、通信资源、金融发展以及市民待遇的同城化。桑秋等（2009）在研究沈（阳）抚（顺）同城化时提出，同城化是指区位邻近、人文历史相似、产业结构互补的城市，在社会经济联系达到一定程度后而呈现的空间一体化、经济一体化和制度一体化现象，沈抚同城化的生成机制源于日益紧密的社会经济空间联系及政府企业化和合作型管治方式两个方面。针对同一问题，赵英魁等（2010）提出，同城化表现为完善的快速交通网络和现代通信技术带来的城市之间的时空距离缩短，区域内的资源调动带来城市产业和功能的协调发展，区位一体、山水相连、产业相依、交通同线及人文通脉是重要的基础条件。王德等（2009）对比分析了2007年前提出并实施的7个同城化案例，认为同城化的目标为资源优势互补、产业错位发展、设施共享和市场共建，同城化战略是提升城市竞争力、突破现行治理模式的产物，是城市经济社会发展到一定阶段的趋势，具有一定的准入门槛。牟勇（2009）在研究合肥淮南同城化时，将合淮同城化的效应归因于规模经济和竞争效应、转移效应、福利效应，作者认为，以企业为主体，以政府为辅助，以信息系统一体化为催化剂，以快速交通网络为基础，以及以补偿机制为保证，是其同城化的实现途径。杨海华（2010）以广（州）佛（山）同城化为例，提出同城化的生成机制包括基础条件和动力机制两方面，前者包括区位相邻、人文同脉及经济相依，后者包括城市经济的集聚、工业化和城市化的合力、政府的推动，以及地方政府的积极性。类似地，朱虹霖（2010）从历史、地理、经济、产业以及发展前景和外在压力五个方面对广佛同城的现实基础及推动因素进行了分析，认为历史渊源是同城化的社会纽带，地理位置是同城化的天然禀赋，经济实力是同城化的现实基础，产业结构是同城化的整合基础，发展与竞争是同城化的源动力。王振（2010）总结长三角地区的同城化趋势时提出，交通出行、产业布局、通勤就业和人口居住同城化是地区同城化的重要特征。李红、董超（2010）认为，同城化城市之间存在着共同的特点，即同城化通常发生在经济发展水平较高的城市群区域，且具备强大中心城市，空间距离近且具有方便快捷的交通互联，产业结构互补且民众有较强认同感。丁睿、李海旗（2010）针对成都经济区的同城化提出，经济是基础、互信是前提、规划是保障、互利是动力，认为基础设施、产业协作及环境保护是推动成都经济区同城化的工作重点。李王（2010）通过对武汉城市圈、长（沙）株（州）（湘）潭经济圈及上海都市圈的对比分析，总结出同城化地区应具备发达的交通通信网络、协调配套的产业协作网络和核心城市强大的辐射带动能力。曾群华（2011）基于新制度经济学及博弈论理论，分析了上海、苏州及嘉兴的同城化动力机制及路径。作者认为，作为区域经济发展阶段的特殊形式，同城化在不同经济发展水平的地区有着不同的生成机制，从而产生不同的发展模式。同城化的要素特征可以概括为通勤时空缩短、产业结构互补、要素自由畅动、社会事业并进、同城政策对接和生态环境同治。经济社会发展水平是源生驱动力，共同利益的协调博弈是核心驱动力，制度创新是引导驱动力，重大历史活动是外部驱动力。

从使用的数据类型来看，宏观经济数据、地理信息系统数据及 POI 数据构成了学者进行同城化测度的主要数据来源。曾月娥等（2012）利用厦门市和漳州市的三次产业数据，构建了厦漳区域的经济重心空间模型和潜力模型，对产业协调度及空间关系进行了分析，为厦漳区域的产业布局和功能分区提供了依据。李星月、陈濛（2016）基于移动通信的手机信令数据及基站数据，构建了职住通勤水平和公共服务中心吸引力强度两个判定指标，对温岭市域的同城化水平、市区及其周边地区的同城化水平和公共服务中心吸引力强度进行识别，分析了同城化的基础条件和趋势，为后续规划工作奠定基础。曾群华（2016）比较了长株潭地区的各城市国民经济综合指标及三次产业结构，从交通、经济、公共服务等角度对该地区的同城化发展提供对策。李祥妹等（2016）利用空间加权回归模型检验了宁（南京）镇（江）扬（州）地区的经济和产业发展的空间特征。结果显示，宁镇扬三市之间经济发展存在空间同构性及异质性，但区域间互动性较低，产业结构相似系数不断上升，趋同性明显。作者认为，未来产业发展应进一步破除行政壁垒、整合区域资源、提升区域综合实力，加强产业合作、促进产业集聚、推动错位发展，最终实现区域同城化。郑晓伟、惠倩（2018）利用手机信令数据构建了跨区域联系强度指标，对西（安）咸（阳）同城化发展的现状特征和空间格局进行了研究，并从职能分工和空间重组两个方面提出了同城化发展的空间应对策略。何志超等（2018）利用2010—2014年的厦（门）漳（州）泉（州）区域POI数据，通过重心模型、标准差椭圆及核密度估计方法分析了厦漳泉地区的同城化特征，从总体空间结构演变特征和市域之间空间发展的异向性两个角度评价了同城化效果，并提出突出"核心区"地位、推行跨界增长区、强化区域合作、加强交通基础设施共享等规划建议。陈少杰、沈丽珍（2019）利用2017年腾讯迁徙热度大数据，分析了厦漳泉、宁镇扬以及长株潭地区的人口流动的时空特征。研究发现，三个地区人口流动在节假日呈现钟摆现象，同城化的进程存在明显差异。王朝宇等（2019）基于遥感影像、百度地图POI数据、手机信令数据、高德地图导航通行数据、工商企业数据、Open Street Map路网数据、统计数据及政府部门发布的官方数据等多源大数据，从空间结构、发展规模、跨市通勤、产业协作、交通联系、服务共享、生态共治等七个方面分析了潮揭都市圈的空间特征架，进而从空间结构、轨道交通、产业体系、服务生活、生态环境方面提出广东东翼汕潮揭地区都市圈的发展对策。

4.2 同城化的内涵及指标体系构建

4.2.1 同城化的内涵

尽管国内学者对同城化的界定各有差异，但目前较为普遍的看法是：同城化是指地域相邻、经济和社会发展要素紧密联系的城市之间，为打破行政分割和保护主义限制，以达到资源共享、统筹协作，提高区域经济整体竞争力的一种新型城市发展战略。

综合各种不同视角的同城化定义可以得出，同城化至少具有这样几个基本特征：地域相邻、产业互补、经济相连、区域认同。通过相邻城市间行政边界的逐步淡化与模糊，城市基础设施、服务功能等被更多的城市共享，区域交流更加频繁，资源要素共同配置，从而达到产业定位、要素流动、城市发展、生态环境、政策措施和社会事业等各方面的协同和统一，使居民弱化原有属地观念，共享同城化所带来的发展成果。

综上所述，城市之间实施同城化战略应具备以下条件：一是适度的规模。同城化地区必须由两个及以上地级及以上城市组成，且发展水平及增长趋势接近，体现均衡发展的理念。二是适宜的时空距离。距离是同城化能否实施的关键要素，距离越近，同城化效果越好。近年来伴随着交通基础设施完善带来的时空缩减效应，城市之间的互动成本进一步降低，对于城市之间距离的定义，也从传统空间距离过渡到时空距离。国家发改委将都市圈定义为1小时通勤圈。我们认为，同城化城市间两个城市中心的直线距离一般不超过100公里。三是较高的交通互联、经济联系和人员往来水平。同城化的目标是加强城市间的紧密协作，消除行政边界的障碍。四是文化历史同脉。历史渊源是同城化的社会纽带，认同感和归属感的加深能够增加同城化城市之间的包容性，加速城市间的人口流动和经济联系。

4.2.2　同城化指标体系

本研究结合同城化的内涵及统计数据的科学性和可获得性，选取有代表性的指标对同城化水平进行测量。现有指标体系包含了相关性和相似性两类指标。相关性维度反映同城化区域内城市的关联程度；相似性维度反映同城化区域内城市在经济、基础设施、社会福利以及生态环境等方面的差异程度。其中，相关性维度包括4个层面4个指标，相似性维度包括4个层面14个指标，见表4.1。

表 4.1

同城化指标体系

两类指标	八个层面	具体指标	指标方向	数 据 来 源
相关性维度（A）	人员往来程度	迁徙指数	正向	高德地图
	交通联系程度	通勤时间	逆向	高德地图
	文化认同度	城市间平均方言距离	逆向	中国方言地图
	空间一体化程度	同城化城市边界灯光强度	正向	VIIRS
相似性维度（B）	经济发展水平差距	人均 GDP 差距	逆向	中国城市统计年鉴
		产业结构差距	逆向	中国城市统计年鉴
		劳动生产率差距	逆向	各城市的统计年鉴
	基础设施水平差距	万人轨道交通长度差距	逆向	中国城市轨道交通协会网站、各城市统计年鉴和统计公报
		公路路网密度差距	逆向	各城市统计年鉴、中国城市统计年鉴
		互联网普及率差距	逆向	中国城市统计年鉴、各城市统计年鉴和统计公报
	社会福利水平差距	人均就业保障支出差距	逆向	各城市统计年鉴和统计公报
		转移支付占财政支出比重差距	逆向	各城市或省级官方网站搜索、中国城市统计年鉴
		人均可支配收入差距	逆向	中国城市统计年鉴、各城市统计年鉴和统计公报
		人均预期寿命差距	逆向	公开资料整理
		每万人普通高校在校生差距	逆向	中国城市统计年鉴、各城市统计年鉴和统计公报
	生态环境水平差距	单位 GDP 耗电量差距	逆向	中国城市统计年鉴
		人均公园绿地面积差距	逆向	中国城市统计年鉴、各城市统计年鉴和统计公报
		节能环保占财政支出比重差距	逆向	国家统计局数据库、各城市统计年鉴、中国城市统计年鉴

资料来源：作者编制。

1. 相关性维度

同城化发展表现为城市之间人员往来密切，具有较高的文化认同度，城市相邻近区域发展具有一定活力，边界融合。因此，相关性维度包括人员往来程度、交通联系程度、文化认同度及空间一体化程度四个方面。

（1）人员往来程度。城市之间人员往来程度可以用迁徙指数度量。与普查数据相比，人口迁徙大数据具有日度连续性和实时性的优势，更能反映城市之间真实的人口流动情况。一般而言，迁徙大数据是基于个体地理位置服务收集的人口流动大数据，通过手机用户的定位信息映射人口流动轨迹，生成人口流动的相关城市节点及轨迹。从数据精度来看，迁徙大数据通过手机定位信息变化映射用户行为轨迹，达到个人层级，将各种出行模式的人口流动囊括在内。目前常用的迁徙大数据包括腾讯迁徙大数据及高德地图迁徙大数据。其中，高德地图迁徙大数据能计算国内各城市组对间的人口流出意愿、流入意愿。我们利用 python 语言通过接入高德地图 api，遍历抓取城市间的出行意愿，生成迁徙指数。

（2）交通联系程度。交通联系程度反映了城市间交通的便利程度，可以用通勤时间来衡量，同样通过 python 接入高德地图 api 获取城市间的公共交通通勤时间。

（3）文化认同度。文化认同度是城市间人员交往的社会纽带。社会学中的萨丕尔—沃尔夫假说认为，语言反映人的思维、信念和认知方式。在中国，种类繁多的方言则是深厚地域文化的载体，方言距离代表文化背景异质性的程度，具有不同文化背景的人往往具有不同的思维观念和认知方式。根据《汉语方言大词典》（1999）和《中国语言地图集》（2012）的划分，中国汉语方言分为九个方言大区：官话、晋语、赣语、徽语、吴语、湘语、客家话、粤语和平话。方言大区之下又可进一步细分为两个方言层级：方言区和方言片。例如，官话方言大区内包含北京官话、冀鲁官话、中原官话、东北官话、胶辽官话、江淮官话、西南官话和蓝银官话等多个次级官话方言区。方言作为语言，或者更准确地说，作为一种口语，一方面是人们表达、沟通的媒介以及经济活动中交流的载体，另一方面是地域文化的重要代表，是族群划分和身份识别的重要维度。方言的两重角色对社会经济生活具有深刻影响。因此，语言的接近可以拉近城市间市民的距离。我们将利用中国方言地图计算生成城市间平均方言距离，刻画文化认同度（表4.2、表4.3）。

（4）空间一体化程度。同城化在空间上表现为打破行政边界，形成一体化的空间格局。夜间城市灯光的亮度与经济活动紧密相关，能较好地反映城市的空间格局。目前常用的夜间灯光产品有 DMSP-OLS 及 NPP-VIIRS 两款。其中，美国国防气象卫星计划（Defense Meteorological Satellite Program，DMSP）由美国空军航天与导弹系统中心运作，通过卫星运行的线性扫描系统（Operational Linescan System，OLS），传感器每日能获得全球内的昼夜图像。DMSP-OLS 夜间灯光影像能反映综合性信息，它涵盖了交通道路、居民地等与人口、城市等因子分布密切相关的信息。

表 4.2
中国城市方言划分示例

行政代码	省级行政区	地级行政区	县级行政区	方言大区	方言区/语支	方言片/语种
321311	江苏省	宿迁市	宿豫区	官话	中原官话	徐淮片
321322	江苏省	宿迁市	沭阳县	官话	江淮官话	洪巢片
321323	江苏省	宿迁市	泗阳县	官话	江淮官话	洪巢片
321324	江苏省	宿迁市	泗洪县	官话	江淮官话	洪巢片
330105	浙江省	杭州市	拱墅区	非官话	吴	太湖片
330102	浙江省	杭州市	上城区	非官话	吴	太湖片
330103	浙江省	杭州市	下城区	非官话	吴	太湖片

资料来源：作者整理。

表 4.3
中国方言距离示例

方言片/语种	太湖片	泰如片	吉沈片	哈阜片	黑松片	京承片	朝峰片
太湖片	0	3	3	3	3	3	3
泰如片	3	0	2	2	2	2	2
吉沈片	3	2	0	1	1	2	2
哈阜片	3	2	1	0	1	2	2
黑松片	3	2	1	1	0	2	2
京承片	3	2	2	2	2	0	1
朝峰片	3	2	2	2	2	1	0

资料来源：作者整理。

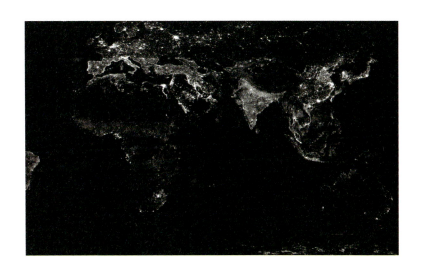

图 4.1
NPP-VIIRS 全球夜间
灯光地图

该产品采用的是在没有月光和云遮盖影响下的年均值合成算法，时间跨度为 1992—2013 年。DMSP-OLS 影像的空间分辨率为 30 弧度（赤道经线方向为 1 km，40 N 地区近似为 0.8 km）。共计 22 年的影像时间序列分别由 6 个不同传感器收集（包括 F10、F12、F14、F15、F16 和 F18）。由于缺乏在轨辐射定标和校正设施，DMSP-OLS 影像上的夜光辐射信号被离散成数字化的辐射亮度值（DN 值，取值范围为 0—63）。该系列稳定夜光信号的合成产品去除了短时辐射源的影响，因此，高亮度 DN 值覆盖的部分通常对应高密度人类居住和活动地。NPP-VIIRS 夜间灯光数据来源于美国国家海洋和大气管理局（National Oceanic and Atmospheric Administration），是 Suomi-NPP 卫星利用 VIIRS 在 2012 年 4 月—10 月间拍摄，距地表 824 公里，采用极地轨道，由多幅无云影像拼接得到（图 4.1）。与 DMSP-OLS 数据相比，NPP-VIIRS 夜间灯光影像数据并未移除火光、气体燃烧、火山或极光，相应的背景噪声也未过滤，但它的空间分辨率可达 0.5 公里，且不存在饱和效应，能正确反映城市核心区的夜间灯光，其辐射探测能力更强。

2. 相似性维度

同城化除了体现城市间往来的紧密程度，也应体现城市的共同发展与进步。这个概念区别于传统的中心—外围空间模式，城市间的差距越小则同城化的水平越高。相似性维度包括经济发展水平差距、基础设施水平差距、社会福利水平差距及生态环境水平差距四个层面。

经济发展水平差距层面包含人均GDP差距、产业结构差距及劳动生产率差距三个指标，分别用来反映经济的总体发展水平、产业结构及劳动生产的效率。该层面用来测度同城化地区的共同发展水平差异，数据可从中国城市统计年鉴及各城市统计年鉴获得。

基础设施水平差距层面包含万人轨道交通长度差距、公路路网密度差距及互联网普及率差距，反映了城市基础设施建设的差距，指标来源包括中国城市统计年鉴、中国城市轨道交通协会网站、各城市统计年鉴和统计公报。

设置社会福利水平差距指标主要是为了体现同城化地区共同富裕的目标。该层面包含人均就业保障支出差距、转移支付占财政比重差距、人均可支配收入差距、人均预期寿命差距及每万人普通高校在校生差距，分别反映了社会就业水平、社会公共服务水平、市民富裕程度、健康水平及教育水平的差距。数据来源包括中国城市统计年鉴、各城市统计年鉴、统计公报、各城市或省级官方网站及其他公开信息。

随着社会发展，生态环境越来越受重视，是未来城市综合竞争力的重要构成。生态环境水平差距包含单位GDP耗电量差距、人均公园绿地面积差距、节能环保占财政支出比重差距，分别反映绿色生产、城市环境及政府在生态环境方面的投入水平。数据来源包括中国城市统计年鉴、各城市统计年鉴及统计公报。

4.2.3　测算方法

1. 指标权重确定

同城化指标体系从同城化城市的相关性和相似性两个维度构建。通过对各级指标的研究，我们认为，在两类指标中，相关性对同城化的发展更为重要，在各层面和指标中，各级对应的分项指标对上级指标具有相同的重要作用。经过进一步的分析讨论，我们赋予相关性指标 2/3 的权重、相似性指标 1/3 的权重。[①] 各层面和具体指标在相应的分项中则采用"等权法"进行赋权（即权重相同）。

2. 数据处理

（1）相关性指标度量。

相关性指标包括了四个指标，即迁徙指数、通勤时间、城市间平均方言距离及边界灯光强度。迁徙指数可以由高德大数据获取，我们通过抓取迁入意愿与迁出意愿指数并求其均值，得出两座城市之间的迁徙指数。指数越高，反映城市间的人员往来越密切。通勤时间通过高德出行规划抓取，考虑到同城化反映的交通联系应体现在大众出行上，我们在计算时采用的是城市间的最短公共交通出行时间。在边界灯光强度指标上，我们使用中国行政区划矢量地图叠加 NPP-VIIRS 夜间灯光地图，通过提取各同城化地区相邻边界的 1 公里缓冲区内灯光平均强度获取。

在城市间平均方言距离指标的计算上，根据现有文献，课题组基于《汉语方言大词典》（1999）和《中国语言地图集》（2012）的划分，以地级市作为方言距离分析单位，度量地级市之间的方言距离。由于一个地级市通常下辖若干县级行政单位，不同区县可能位于不同方言片，因此研究首先赋值得到县与县之间的方言距离，利用人口加权得到地级市之间的方言距离。县级单位的方言距离赋值方法如下：（1）当两个县属于同一方言片时，方言距离为 0；（2）当两个县属于不同方言片、但属于同一方言区时，方言距离为 1；（3）当两个县属于不同方言区、但属于同一方言大区时，方言距离为 2；（4）当两个县属于不同方言大区时，方言距离为 3。即赋值越大，两个县的方言距离也越大。我们再利用各县级

---

① 作为比较，课题组也使用相关性、相似性各 1/2 的权重进行了测算。比较不同权重的测算结果，我们发现，现在选定的相关性指标 2/3 权重、相似性指标 1/3 权重的结果，更加符合经验的判断。

单位的人口权重，通过模型（4.1）加权得到两两地级市之间的方言距离 *dialect_distance*~AB~，人口数据来自 2010 年人口普查：

$$dialect\_distance_{AB} = \sum_{i=1}^{I} \sum_{j=1}^{J} W_{Ai} W_{Bj}\, dialect\_distance_{ij} \quad （4.1）$$

其中，*dialect_distance*~AB~ 为同城化城市 *A*、*B* 的平均方言距离，W_{Ai} 表示城市 *A* 中区县 *i* 的人口比重，W_{Bj} 表示城市 *B* 中区县 *j* 的人口比重，*dialect_distance*~ij~ 表示区县 *i* 与区县 *j* 的方言距离。

（2）相似性指标差距度量。

关于相似性指标，我们主要采用标准差对原始数据进行处理，通过计算相应指标的标准差得到该指标的同城化差异，具体计算方法如下：

$$S_j = \sqrt{\sum (V_{ij} - A_j)^2 / N} \quad （4.2）$$

其中，S_j 表示第 *j* 个指标的标准差，V_{ij} 表示地区 *i* 第 *j* 个指标的观测值，A_j 表示平均值，*N* 表示区域中的城市总数。

（3）指标标准化。

在某一指标体系中，由于各指标单位不统一，会造成指标之间存在不可比问题，此时，需要对数据进行标准化处理。关于数据标准化，至今也没有统一的方法，由于极差标准化法方法简单、含义直观，我们选择使用该方法去除数据的单位限制。

极差标准化具体计算方法如下：

对于正向指标，

$$R_j = \frac{X_j - X_{j,\,min}}{X_{j,\,max} - X_{j,\,min}} \quad （4.3）$$

对于逆向指标，

$$R_j = \frac{X_{j,\,max} - X_j}{X_{j,\,max} - X_{j,\,min}} \quad （4.4）$$

其中，R_j 表示第 *j* 个指标经过标准化后的数值，X_j 表示实际观测值，$X_{j,\,min}$ 表示该指标中的最小观测值，$X_{j,\,max}$ 表示该指标中的最大观测值。

3. 指数合成

我们采取逐级加权汇总的方式进行最终指数的合成。

假定指标体系有三级指标，根据指标权重的赋值，首先计算二级指标，计算方法如下：

$$E_{mn} = \sum \omega_{mn} R_{mn} \tag{4.5}$$

其中，E_{mn} 表示二级指标的值，m 表示二级指标，n 表示二级指标对应的三级指标，ω_{mn} 表示权重，R_{mn} 为二级指标对应的标准化后的三级指标的值。

接着，计算一级指标，计算方法如下：

$$Z_{lm} = \sum \omega_{lm} E_{lm} \tag{4.6}$$

其中，Z_{lm} 表示一级指标的值，l 表示一级指标，m 表示一级指标对应的二级指标，ω_{lm} 表示权重，E_{lm} 表示一级指标对应的二级指标的值。

最后，合成最终指数，计算方法如下：

$$F_{yl} = \sum \omega_{yl} Z_{yl} \tag{4.7}$$

其中，F_{yl} 表示最终指标的值，y 表示最终指标，l 表示最终指标对应的一级指标，ω_{yl} 表示权重，Z_{ym} 表示最终指标对应的一级指标的值。

4.3　同城化测算结果分析

沪苏、沪嘉、沪通同城化指数的测算结果见表 4.4。

4.3.1　上海都市圈同城化水平

从同城化指标体系测算结果来看，沪苏、沪嘉及沪通三个同城化地区中，沪苏同城化水平最高，沪嘉次之，沪通最低。按照

表 4.4
同城化指数测算结果——沪苏、沪嘉、沪通

	沪苏	沪嘉	沪通
同城化指数（相关性、相似性各 1/2 ）	0.87	0.44	0.28
同城化指数（相关性 2/3、相似性 1/3 ）	0.91	0.51	0.19
相关性	**1**	**0.66**	**0**
人员往来程度	1	0.16	0
迁徙指数	1	0.16	0
交通联系程度	1	0.88	0
通勤时间	1	0.88	0
文化认同度	1	1	0
城市间平均方言距离	1	1	0
空间一体化程度	1	0.60	0
边界灯光	1	0.60	0
相似性	**0.74**	**0.22**	**0.56**
经济发展	1	0	0.53
人均 GDP 差距	1	0	0.69
产业结构差距	1	0	0.48
劳动生产率差距	1	0	0.41
基础设施	0.33	0.67	0.45
万人轨道交通长度差距	1	0	0
公路路网密度差距	0	1	0.77
互联网普及率差距	0	1	0.59
社会福利	1	0.23	0.24
人均就业保障支出差距	1	0	0.84
转移支付占财政支出比重差距	1	0.49	0
人均可支配收入差距	1	0.64	0
人均预期寿命差距	1	0	0.33
每万人普通高校在校生差距	1	0	0.04
生态环境	0.62	0	1
单位 GDP 耗电量差距	0.38	0	1
人均公园绿地面积差距	0.90	0	1
节能环保占财政支出比重差距	0.57	0	1

注：迁徙指数搜索设定日期为 2021 年 6 月 23 日；通勤时间搜索设定日期为 2021 年 6 月 25 日；边界灯光为 2018 年数据；相似性指标使用 2019 年数据。课题组也对目前中国 11 个公认的同城化水平较高的地区进行了排名，经过测算，广佛位列第一，深莞和沪苏分列第二、第三位，位列第 4—11 位的地区依次是苏锡常、杭绍、甬舟、杭嘉湖、厦漳泉、宁镇扬、长株潭和成德眉资。具体结果见专题。

相关性与相似性权重各 1/2 测算，2019 年沪苏、沪嘉和沪通的同城化指数分别为 0.87、0.44 和 0.28；按照相关性 2/3、相似性 1/3 的权重测算，同城化指数则分别为 0.91、0.51 和 0.19。与总体水平相似，在相关性维度上，沪苏同城化也表现出最高的水平，沪嘉次之，沪通最低；而在相似性维度上，沪通差异性则小于沪嘉差异性，具有更高的同城化水平（见图 4.2）。

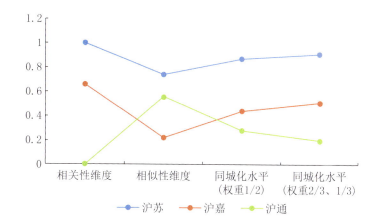

图 4.2
三个同城化地区总体水平比较

4.3.2　各层面的同城化水平比较

1. 相关性维度

从相关性维度来看，沪苏、沪嘉、沪通三个同城化地区表现出一致性的水平差异。在人员往来程度层面，2021 年 6 月 23 日高德城市迁徙意愿大数据显示，苏州—上海的迁入指数为 20.76，迁出指数为 19.41，平均迁徙意愿达到 20.085；虽然嘉兴至上海也有着较低的通勤距离，但嘉兴—上海的迁入指数仅为 6.25，迁出指数为 5.12；南通—上海的迁入指数更是低至 2.88，迁出指数为 2.92。该指标也基本表明，三个同城化地区中，苏州与上海的人员往来最为密切（图 4.3）。

在交通联系程度层面，高德地图出行数据显示，上海到苏州及嘉兴的通勤时间较为接近，南通由于与上海存在长江的阻隔，

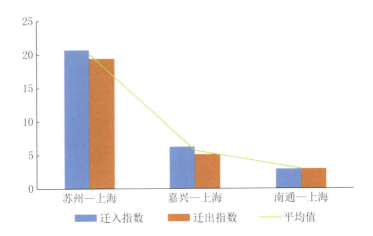

图 4.3
人员往来程度比较

无论是空间距离还是通勤时间都远大于前两个同城化地区。

在文化认同度层面，上海、苏州、嘉兴同属吴方言区太湖片语种，因此语言距离最为接近，而南通由于存在江淮官话方言语支，与其他城市具有较大差异，在语言方面和上海存在一定距离。

在空间一体化程度层面，由于南通与上海受长江阻隔，城市空间的连接存在一定困难，空间一体化水平明显低于沪苏及沪嘉的水平。通过分析 2018 年的 VIIRS 夜间灯光发现，在边界灯光层面，上海与苏州、嘉兴及南通三地行政边界的 1 公里缓冲区范围内，平均灯光强度指数分别为 45.04、32.65 及 14.25（图 4.4）。

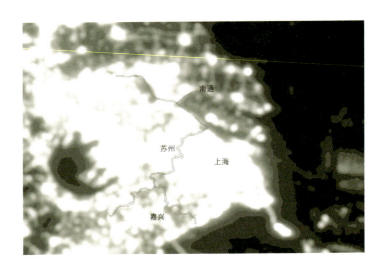

图 4.4
沪苏、沪嘉及沪通地区边界夜间灯光分析

经过数据标准化处理后，可以看到，上海与苏州在各个层面上均表现出最高的相关性，上海与嘉兴次之，而沪通同城化发展在各个层面相较于另外两个同城化地区都处于较低水平（表4.5）。

表 4.5
同城化的相关性维度指标
得分（经标准化处理）

	沪苏	沪嘉	沪通
相关性	1	0.66	0
人员往来程度	1	0.16	0
迁徙指数	1	0.16	0
交通联系程度	1	0.88	0
通勤时间	1	0.88	0
文化认同度	1	1	0
城市间平均方言距离	1	1	0
空间一体化程度	1	0.60	0
边界灯光	1	0.60	0

2. 相似性维度

相似性指标反映了同城化地区城市发展水平的差异。

从相似性维度来看，三个同城化地区的发展差距不尽相同，各有优势。经济发展层面，沪苏地区的指标得分达到1，沪嘉地区的指标得分0，沪通地区的指标得分略高，达到0.53。基础设施层面，沪嘉地区的指标得分达到0.67，沪通地区的指标得分为0.45，沪苏地区的指标得分最低，为0.33。社会福利层面，沪苏地区的指标得分高达1，沪通地区的指标得分为0.24，指标得分最低的沪嘉地区仅为0.23。生态环境层面，沪通地区的指标得分最高，沪苏地区次之，沪嘉地区指标得分较低（图4.5）。

整体上看，上海都市圈同城化的阻碍不仅表现在经济发展上，还表现在基础设施、社会福利和生态环境等方面。城市间的发展差距也是上海都市圈区域发展不平衡的重要体现。社会福利是关乎民生和社会稳定的基础，影响着都市圈的总体发展和共同富裕。经济发展是保障和改善民生的基础，长期的、过大的区域差距还

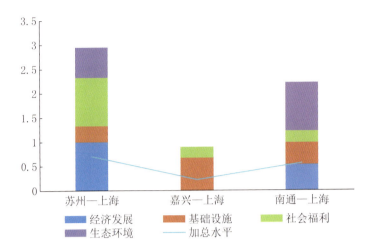

图 4.5
同城化地区的相似性维度
比较

会导致社会福利、养老、医疗、教育、文化建设等非经济方面发展不平衡，进而影响后发展地区的总体发展水平。生态环境保护在推动区域高质量发展方面的作用不断增强，但巩固和改善上海都市圈生态环境协同发展的难度依然很大。目前，中国已构建多层次、多领域、全方位的区域协调发展战略体系，以"五位一体"总布局为统领，优势互补、因地制宜的高质量发展区域空间布局正在形成，将为实现上海都市圈协调发展提供坚实保障。

对比各同城化地区的具体指标可以发现，沪苏两地在经济、社会福利方面水平接近，两地的经济实力和产业结构差距相对沪嘉和沪通更小，就业保障和医疗环境更为相似；沪嘉两地在基础设施方面差距较小，两地公路路网密度接近，同时，互联网普及率更为接近；沪通两地在生态环境方面水平接近，无论是单位GDP耗电量、人均公园绿地面积还是节能环保占比方面，沪通两地差距相对沪苏和沪嘉都更小。

3. 相似性维度各层面的比较

（1）经济发展。上海与苏州在经济发展水平上的差异较小，处于三个同城化地区首位，人均GDP、产业结构及劳动生产率指标均位列第一（表4.6，图4.6、图4.7）。2019年上海人均GDP为157 279元，苏州达到了179 174元，甚至超过了上海，而嘉兴及南通分别为 112 751 元及 128 294 元，与上海存在较大差距。上海的第三产业有着明显优势，而苏州、嘉兴与南通的第三产业和第二产业较为接近。在这个层面，沪嘉地区及沪通地区处于较低水平。

表 4.6
经济发展层面指标得分
（经标准化处理）

	沪苏	沪嘉	沪通
经济发展	1	0	0.53
人均 GDP 差距	1	0	0.69
产业结构差距	1	0	0.48
劳动生产率差距	1	0	0.41

图 4.6
2019 年上海、苏州、嘉兴及南通人均 GDP 和产业结构比较

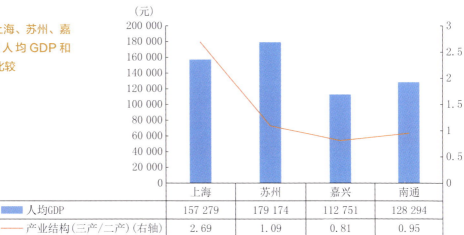

（元）	上海	苏州	嘉兴	南通
人均GDP	157 279	179 174	112 751	128 294
产业结构(三产/二产)(右轴)	2.69	1.09	0.81	0.95

图 4.7
2019 年上海、苏州、嘉兴及南通劳动生产率比较

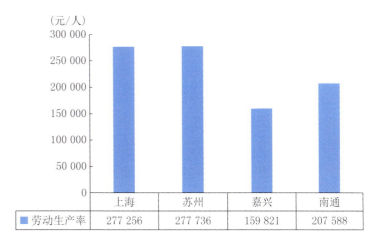

（元/人）	上海	苏州	嘉兴	南通
劳动生产率	277 256	277 736	159 821	207 588

（2）基础设施。沪嘉地区的基础设施同城化指数达到 0.67，高于沪苏地区的 0.33 及沪通地区的 0.45（表 4.7）。其中，公路路网密度及互联网普及率差距均低于沪苏及沪通地区。2019 年，上海、苏州、嘉兴及南通的公路路网密度分别为 2.06 公里 / 平方公里、1.37 公里 / 平方公里、1.96 公里 / 平方公里、1.82 公里 / 平方公里；互联网普及率分别为 0.37、0.62、0.39、0.48；上海与苏州的万人轨道交通指标分别为 0.33 公里和 0.2 公里（图 4.8）。可以发现，嘉兴、南通与上海在基础设施建设方面的最大差距是，嘉兴与南通还未开通城市轨道交通。

表 4.7
基础设施层面指标得分
（经标准化处理）

	沪苏	沪嘉	沪通
基础设施	0.33	0.67	0.45
万人轨道交通长度差距	1	0	0
公路路网密度差距	0	1	0.77
互联网普及率差距	0	1	0.59

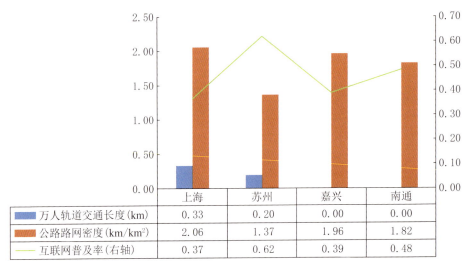

	上海	苏州	嘉兴	南通
万人轨道交通长度(km)	0.33	0.20	0.00	0.00
公路路网密度(km/km²)	2.06	1.37	1.96	1.82
互联网普及率(右轴)	0.37	0.62	0.39	0.48

图 4.8
2019 年上海、苏州、嘉兴及南通基础设施水平比较

（3）社会福利。社会福利指数主要为了反映同城化地区的共同富裕，这一层面的水平在三个同城化地区存在较大差距。沪苏地区的社会福利同城化指数达到 1，沪通地区的社会福利同城化指

数为 0.24，沪嘉地区仅为 0.23（表 4.8）。造成这一结果的主要原因是，三个同城化地区的就业保障、预期寿命及教育水平存在较大差距。2019 年，上海、苏州、嘉兴及南通的人均就业保障支出分别为 4 117 元、1 832 元、1 294 元、1 745 元；转移支付占财政支出的比例分别为 33.28%、16.97%、15.39%、13.87%；人均可支配收入分别为 73 615 元、68 629 元、61 940 元、50 217 元；人均预期寿命为 84 岁、84 岁、82 岁、83 岁；每万人普通高校在校生分别为 217 人、232 人、151 人、153 人（图 4.9 至图 4.13）。

表 4.8
社会福利层面指标得分
（经标准化处理）

	沪苏	沪嘉	沪通
社会福利	1	0.23	0.24
人均就业保障支出差距	1	0	0.84
转移支付占财政支出比重差距	1	0.49	0
人均可支配收入差距	1	0.64	0
人均预期寿命差距	1	0	0.33
每万人普通高校在校生差距	1	0	0.04

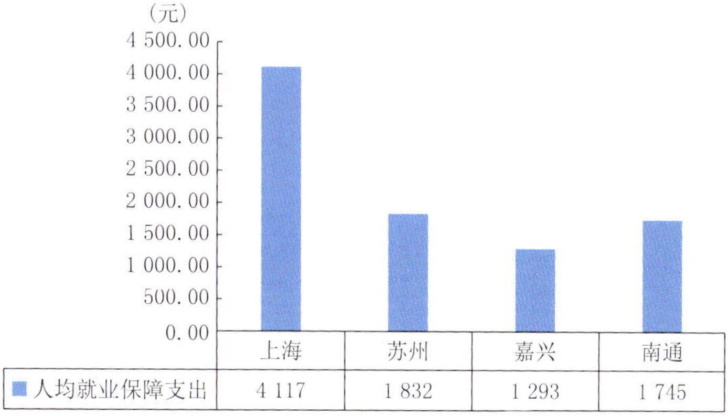

图 4.9
2019 年上海、苏州、嘉兴及南通人均就业保障支出比较

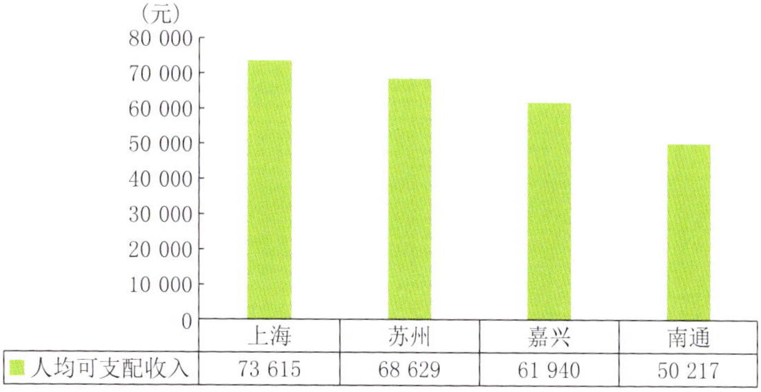

（元）

	上海	苏州	嘉兴	南通
人均就业保障支出	4 117	1 832	1 293	1 745

图 4.10
2019 年上海、苏州、嘉兴及南通人均可支配收入比较

（元）

	上海	苏州	嘉兴	南通
人均可支配收入	73 615	68 629	61 940	50 217

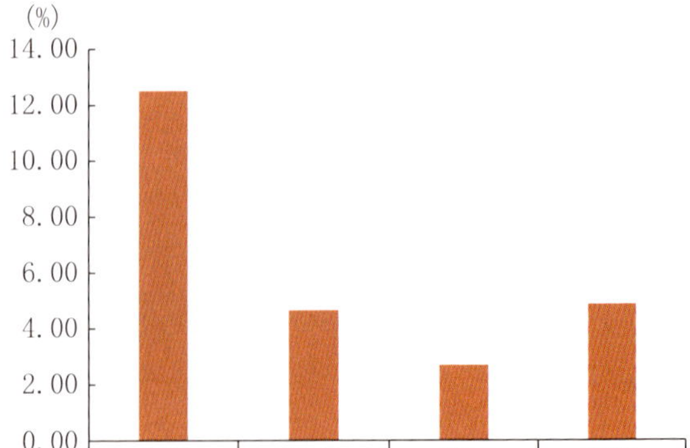

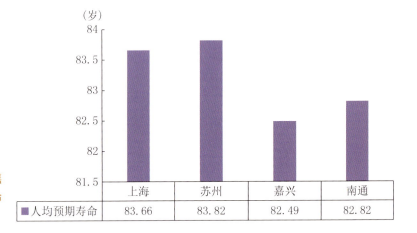

图 4.11
2019 年上海、苏州、嘉兴及南通转移支付水平比较

	上海	苏州	嘉兴	南通
转移支付占财政支出比例	12.51	4.67	2.68	4.87

图 4.12
2019 年上海、苏州、嘉兴及南通人均预期寿命比较

	上海	苏州	嘉兴	南通
人均预期寿命	83.66	83.82	82.49	82.82

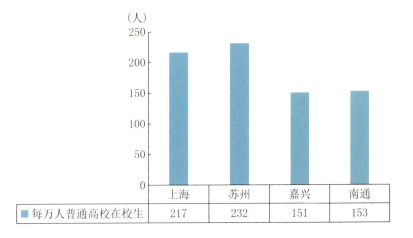

图 4.13
2019 年上海、苏州、嘉兴及南通教育水平比较

	上海	苏州	嘉兴	南通
每万人普通高校在校生	217	232	151	153

（4）生态环境。对比沪苏地区、沪嘉地区及沪通地区的生态环境同城化指数可以看到，苏州与南通在生态环境发展水平上差异最小。计算结果显示，沪苏地区、沪嘉地区及沪通地区的生态环境同城化指数分别为 0.62、0、1。在单位 GDP 耗电量差距、人均公园绿地面积差距及节能环保占财政支出比重差距三个指标上，三地区均表现出相似的水平差异（表 4.9）。2019 年的统计数据显示，上海、苏州、嘉兴及南通的单位 GDP 耗电量分别为 411 千瓦时/万元、802 千瓦时/万元、1 002 千瓦时/万元、481 千瓦时/万元；人均公园绿地面积分别为 8.82 平方米/人、4.36 平方米/人、2.75 平方米/人、4.54 平方米/人；节能环保投资比重分别为 2.25%、2.95%、3.62%、2.44%（图 4.14）。需要指出的是，南通在与上海保持较高相似性的同时，其个别指标的绝对值低于嘉兴及苏州水平。

表 4.9
生态环境层面指标得分
（经标准化处理）

	沪苏	沪嘉	沪通
生态环境	0.62	0	1
单位 GDP 耗电量差距	0.38	0	1
人均公园绿地面积差距	0.90	0	1
节能环保占财政支出比重差距	0.57	0	1

图 4.14
2019 年上海、苏州、嘉兴及南通生态环境水平比较

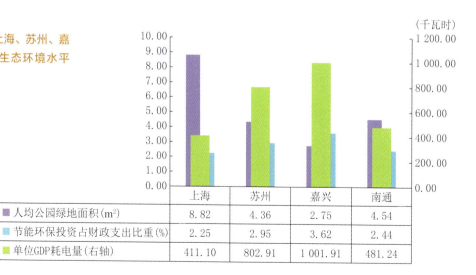

	上海	苏州	嘉兴	南通
人均公园绿地面积(m²)	8.82	4.36	2.75	4.54
节能环保投资占财政支出比重(%)	2.25	2.95	3.62	2.44
单位GDP耗电量(右轴)	411.10	802.91	1 001.91	481.24

4.4 影响上海都市圈同城化的因素总结

前文的分析结果表明，上海都市圈在经济发展、基础设施、社会福利和生态环境等领域均呈现不同水平的差异。这一现象背后的原因较为复杂，需要深入各层面进行分析。这里将根据各层级指标对同城化指数贡献率的水平，找出分析各领域阻碍同城化的落脚点，并结合具体指标，挖掘上海都市圈发展差距形成的深层原因。

从表4.10可以看到，城市间的相关性在沪苏地区及沪嘉地区的同城化中贡献更大，分别达到55%和63%。沪通地区的同城化主要由相似性贡献，相关性贡献度远低于平均值，较低的城市间联系水平制约了沪通地区的同城化发展，这一结果与上文测算的沪通地区同城化水平位列三地区最低的结论一致。

表 4.10
两个维度对同城化的贡献率

	沪苏	沪嘉	沪通
相关性	55%	63%	17%
相似性	45%	37%	83%

从表4.11可以看到，沪苏同城化地区各层面对同城化的贡献率较为平均，贡献率最高的是人员往来程度，达到19.3%，其次是社会福利水平差异，贡献率为16%，而基础设施水平及生态环

表 4.11
八个层面对同城化的贡献率

		沪苏	沪嘉	沪通
相关性	人员往来程度	19.3%	6.7%	5.9%
	交通联系程度	11.0%	19.9%	3.5%
	文化认同度	9.7%	22.8%	3.4%
	空间一体化程度	14.9%	13.2%	3.9%
相似性	经济发展水平差距	15.8%	3.3%	15.0%
	基础设施水平差距	7.4%	23.4%	15.0%
	社会福利水平差距	16.0%	7.4%	9.9%
	生态环境水平差距	6.0%	3.2%	43.4%

境水平较低的贡献率阻碍了沪苏同城化的进展。在沪嘉同城化地区，较高的交通联系程度、文化认同度及较小的基础设施水平差距对其同城化发展贡献最大，而较低的人员往来程度及较大的经济发展水平差距、社会福利水平差距、生态环境水平差距阻碍了沪嘉同城化的进程。在沪通同城化地区，相关性维度的各个层面都阻碍着同城化发展，只有生态环境水平差距层面有着较高的贡献率。

我们计算了近五年三个同城化地区相似性维度的贡献率。[①] 从历史维度来看，影响同城化水平的因素随时间不断变化，并未表现出时间上的一致性，表明了不同地区差异性的发展趋势。2015—2019年，对沪苏地区同城化水平贡献率最高的因素来自社会福利水平的发展，贡献率分别为37.9%、38.9%、41.4%、33.9%、35.5%；基础设施水平方面，贡献率分别为24.6%、17.1%、18.2%、18.1%、16.3%；经济发展水平方面，贡献率分别为23.7%、26.9%、24.2%、21.7%、35.0%，可以看到，其重要性有极大提升；生态环境方面，贡献率分别为13.9%、17.1%、16.2%、26.3%、13.2%，表现极不稳定（图4.15）。

图4.15
沪苏地区同城化贡献率
（相似性维度）

---

① 由于数据获取限制，课题组只计算了相似性维度近五年的贡献率，该部分测算未考虑相关性维度。

2015—2019 年，对沪嘉地区同城化贡献率最高的因素来自基础设施水平的提升，贡献率分别为53.4%、55.8%、44.0%、49.4%、62.7%；社会福利水平方面，贡献率分别为19.7%、25.2%、15.6%、29.1%、19.9%，影响力存在波动；经济发展水平方面，贡献率分别为13.8%、9.9%、9.3%、13.0%、8.8%，可以看到差距并未缩小，对同城化发展的贡献率较低；生态环境水平方面，贡献率分别为13.1%、9.0%、31.1%、13.0%、8.5%，表现极不稳定（图4.16）。

图 4.16
沪嘉地区同城化贡献率
（相似性维度）

2015—2019 年，对沪通地区同城化贡献率的因素呈现此消彼长的态势。经济发展水平方面，贡献率分别为32.9%、29.5%、37.1%、34.8%、18.0%，可见差距并未显著减小，对两地同城化的影响力度不稳定；基础设施水平方面，贡献率分别为9.0%、22.9%、20.3%、20.9%、18.0%，近几年保持平稳；社会福利水平方面，贡献率分别为8.6%、7.4%、10.4%、11.4%、11.9%，与基础设施维度表现出相似的趋势。对沪通地区同城化贡献率最高的因素来自生态环境水平的提升，贡献率分别为49.6%、40.2%、32.2%、32.9%、52.0%，平均水平高于其他维度（图4.17）。

图 4.17
沪通地区同城化贡献率
（相似性维度）

经济发展水平差异　　　　基础设施水平差异
社会福利水平差异　　　　生态环境水平差异

表 4.12
各指标对同城化的贡献率

	指　　标		沪苏	沪嘉	沪通
相关性	人员往来程度	迁徙指数	19.3%	6.7%	5.9%
	交通联系程度	通勤时间	11.0%	19.9%	3.5%
	文化认同度	城市间平均方言距离	9.7%	22.8%	3.4%
	空间一体化程度	边界灯光	14.9%	13.2%	3.9%
相似性	经济发展水平差异	人均 GDP 差距	4.5%	1.0%	6.4%
		产业结构（三产比二产）差距	5.5%	1.1%	4.6%
		劳动生产率差距	5.8%	1.2%	4.1%
	基础设施水平差异	万人轨道交通长度差距	6.5%	1.9%	2.3%
		公路路网密度差距	0.4%	9.8%	7.2%
		互联网普及率差距	0.4%	11.8%	5.5%
	社会福利水平差异	人均就业保障支出差距	2.3%	0.6%	4.7%
		转移支付占财政支出比例差距	3.3%	2.2%	0.8%
		人均可支配收入差距	2.9%	2.8%	0.8%
		人均预期寿命差距	3.6%	0.8%	2.1%
		每万人普通高校在校生差距	3.9%	1.1%	1.5%
	生态环境水平差异	单位 GDP 耗电量差距	1.3%	1.2%	17.5%
		人均公园绿地面积差距	2.9%	0.9%	10.7%
		节能环保占财政支出比重差距	1.8%	1.0%	15.1%

从具体指标来看，2019 年沪苏地区在社会福利水平层面的各指标相对平均。在相似性维度上，沪嘉地区的公路路网密度差距及互联网普及率差距对两地同城化贡献率最高，分别达到 9.8%、11.8%。沪通地区贡献率较高的指标主要集中在生态环境层面，比如单位 GDP 耗电量差距贡献率达到 17.5%，远高于其他地区及其他指标；节能环保占财政支出比重差距的贡献率为 15.1%，也显著高于其他地区（表 4.12）。

综上，城市间的联系程度即相关性更大程度地影响着上海都市圈的同城化进程，对于互联水平较低的沪通地区有着天然的不利影响。然而，不同的同城化地区具有不同的比较优势。从本章的指数分析中可以明显看到，沪苏地区在经济社会水平方面的差距相对较小，沪嘉地区在基础设施水平方面的差距相对较小，沪通地区在生态环境差异性方面则具有较明显的比较优势。但这些优势从历史的维度来看，并非一成不变。因此，上海都市圈各同城化地区在未来的发展过程中，应首先保证城市间的互联互通，充分利用天然的优势与政策机遇，通过加强优势领域的合作来提升同城化水平。

5

沪苏（州）同城化

历史上的上海与苏州同属于"吴"，两地不是简单地一合一分。因为地域相连，沪苏一直是"人缘相亲、经济相融、文化相通"。两地的相融相通迭代更新，成为两地发展的重要动力来源。沪苏同城化是对历史的回归。

Historically, Shanghai and Suzhou belong to the same "Wu" region, and the two cities did not simply merge and separate. Because of the geographical connection, Shanghai and Suzhou have always been "close in human relations, economic integration, and cultural interconnection." The iterative renewal of the two cities has become an important source of impetus for their development. Shanghai-Suzhou integration is a return to the beginning of history.

5.1 沪苏同城化的历史基础及现实条件

5.1.1 空间关系

　　苏州位于长江三角洲中部、江苏省东南部，东傍上海，南接浙江，西抱太湖，北依长江，与上海同处长江入海口，总面积8 657.32平方公里，略大于上海行政区域面积。苏州地势低平，与上海相似，境内河流纵横，湖泊众多，太湖水面绝大部分在苏州境内，河流、湖泊、滩涂面积占全市土地面积的36.6%，是著名的江南水乡。[①]从空间上看，上海虹桥枢纽到苏州的直线距离约70公里。苏州与上海陆地边界线呈南北向走势，长约114公里，北侧上海的嘉定区与苏州的太仓相邻，西侧与昆山相邻，南侧上海的松江区与苏州的吴江区接壤。周庄古镇、千灯古镇、朱家角古镇、淀山湖及大观园等古镇与风景区均位于上海与苏州的边界，成为联络两地市民的重要区域。经过近长期发展，上海与苏州基本形成了一体化的空间形态（图5.1）。

图 5.1
上海与苏州 1992 年和
2018 年边界灯光对比

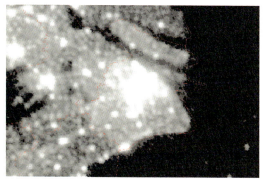

资料来源：课题组绘制。

---

① 参见苏州市人民政府官网，http://www.suzhou.gov.cn/szsrmzf/szgl2021/gbszgl.shtml。

专栏 5.1　沪苏交界处的上海睡城——花桥镇

　　上海青浦的白鹤镇与花桥镇相邻，但有趣的是，白鹤镇的大片农田与花桥镇鳞次栉比的商品房形成鲜明对比。"上海越接近江苏的地方越荒僻，而江苏越接近上海的地方越繁华。"这是一个引人深思的问题：上海自有大都市的高姿态，而花桥亦有主动借势的准备。

　　如果说仅仅凭借交通的优势，而单纯发展房地产的话，花桥无疑会变为产业结构单一的"睡城"，花桥的选择显然不止于此。上海作为国际金融和航运中心，其中重要的一环就是要发展与国际金融中心地位相适应的现代服务业，而花桥的定位，就是为上海发展服务业进行配套，承接商务溢出，打造大上海的卫星城。在江苏的政策优势和上海的辐射效应叠加之下，花桥在发展之初，便很好地处理了快与慢的辩证关系：发展房地产，短期效益巨大，但对整个区域的产业转型而言，并无益处；立足自身优势，从整个昆山产业升级的角度出发，做好服务业，才是根本之策。发展金融、物流、会展等现代服务业，是花桥的选择。这样的目标一经确立，花桥便开始了全方位的改革。

　　2006 年，花桥国际商务城被江苏省批准为省级开发区，2007 年，又成为江苏省国际服务外包示范基地。与此同时，上百家制造业企业逐渐"淡出"花桥。过去花桥是一个外来人口较多的小镇，因为众多劳动力密集型的小厂，近年来，花桥把地铁一线的工厂都搬迁走，晨风服饰、哈森皮鞋等占地大、员工多的企业也都搬迁了，这固然与花桥的劳动力成本上升有关，更多的是花桥在城市转型的考量下作出的产业选择。"卫星城"的定位因为轨道交通而更趋近现实。轨道交通 11 号线不但带来了上海的人气、资金、先进管理和生活习惯，也在倒逼花桥的城市转型。

　　如今的花桥，城市软硬件都得到了很大的提升，国家级天福湿地公园代表着城市生态环境的维护，希尔顿、麦当劳、易买得、绿地商圈、海峡两岸商贸示范城商品交易中心等彰显着城市的强大商务功能，城市综合体、国际会展会议中心、品牌酒店、公共文化中心、特色街区等重大功能项目加快建设，并带动行政、商务、商业、文体四大城市中心功能区成型。服务外包、金融机构处理后台、制造业企业的区域性总部、物流采购中心，是花桥国际商务城的四大定位，而随着花桥商务城市的氛围日渐浓厚，现代服务业大项目加速聚集。据了解，中国人民银行"三中心"（即中国人民银行下属的中国外汇交易中心、上海黄金交易所与上海清算所），已经与花桥国际商务城签约成立"一公司"，即央行电子服务有限公司，从事同城备份、金融 IT 服务和"三中心"后台服务。法国凯捷、华道数据、柯莱特等 70 多家金融产品研发、金融软件开发企业也先后进驻。

如果说仅仅凭借交通的优势，而单纯发展房地产的话，花桥无疑会变为产业结构单一的"睡城"，花桥的选择显然不止于此。花桥的定位，就是为上海发展服务业进行配套，承接商务溢出，打造大上海的卫星城。

资料来源：郭霞：《花桥：苏沪边城掠影》，《商周刊》2015 年第 12 期。

5.1.2 经济产业

沪苏两地构成的产业同城化经历了由弱到强、由简单到复杂的变化。改革开放初期，以上海为核心，苏州地区单向接受上海辐射，总体上形成沪苏之间的简单加工配套关系。当时的苏州是上海制造业外溢的最大受益者。从 20 世纪 80 年代起，苏州就通过发展乡镇企业的"苏南模式"闻名全国。每逢周末，来自上海的"星期日工程师"们穿梭在苏州的小桥流水中，指导生产、传授技术、培训工人，为企业改进设计、改造设备，成为带动苏州制造业发展的一个重要动因。上海浦东开发开放后，以上海为核心，苏州凭借较好的交通条件，抓住发展外向型经济的介入性，与上海形成了较强的资本、市场、信息的产业联系。沪苏两地的产业同城化有赖于市场化程度的不断提高与地方政府间的有效合作推动。

苏州作为上海的近邻，一方面凭借开放型发展模式在人才、技术、贸易等方面受到上海的辐射带动，另一方面具有一定的"反哺"效应，即呼应上海的发展方向和目标，实现沪苏产业的对接与协同，反过来推动上海的经济增长。从三次产业结构看，《上海市国民经济和社会发展统计公报》数据显示，2020 年，上海第三产业增加值为 28 307.54 亿元，占地区生产总值的比重达到了 73.1%。产业迭代升级，服务业已经成为上海经济的第一大产业。《苏州经济和社会发展概况》数据显示，2020年，苏州第二产业增加值为9 385.6亿元，第三产业增加值为10 588.5亿元，三次产业比为1.0：46.5：52.5。这在一定程度上说明苏州市的经济增长还需要依赖制造业，与上海产业发展形成了一定的错位。从工业发展情况看，根据苏州市统计局发布的《苏州经济和社会发展概况》和《苏州市经济运行情况》数据，2020年，苏州市实现规模以上工业总产值34 824亿元，规模以上工业总产值和增加值稳居全国城市前三位，产业门类覆盖了41个工业大类中的35个，具有较强的垂直整合能力。苏州市发达的制造业为上海的研发创新成果提供了产业化的优越条件。

21世纪以来，上海与苏州从科创合作开始逐渐发展成全产业的合作。2003年，长三角开始推动创新共同体建设，为沪苏两地的产学研合作、科创资源共享与交流、技术成果转移和协作等方面制定了概念框架与蓝图。2016年G60科创走廊、2018年上海苏州资源开放共享与协同发展服务平台，以及2021年依托苏州工业园成立的长三角生物医药产业链联盟，都为沪苏同城化的产业合作创造了基础。

专栏5.2　苏州与上海的早期产业合作

从早期城市定位看，苏州政府在20世纪80年代即形成"要发展、靠上海"的观念，90年代较早明确接轨上海战略。在乡镇工业发展时期，苏州政府即形成"要发展、靠上海"观念，利用上海"星期日工程师"吸收上海国营大厂和科研院所的先进技术和经验。在对外开放和产业转型升级阶段，苏州政府较早提出"主动接受上海辐射，实行错位发展"战略，能够充分利用紧邻上海的优势，摆正自身与上海的定位，做上海不想做、不便做的产业，上海主要负责环节0—1，苏州主要负责环节1—10。以信息产业为例，上海主攻软件，苏州就发展硬件。错位发展战略降低了苏州与上海的产业重叠与竞争程度，深化了苏州与上海间的产业合作，二者形成了良好的竞合关系：上海的创新能力与高端产业的落地离不开苏州强大的生产能力配合。

资料来源：《泽平宏观：苏州为什么成为最强地级市？》，搜狐网，https://www.sohu.com/a/485520510_120109837，2021年11月4日。

5.1.3 历史文化

1. 历史沿革

历史上，上海与苏州同属于吴，两地有着深厚的渊源。自有文字记载以来，苏州已有 4 000 多年历史。公元前 11 世纪西周泰伯、仲雍南来，号勾吴。春秋时，东周寿梦于公元前 585 年称王，建吴国。吴王阖闾命伍子胥"相土，尝水，象天法地，造筑大城，周回四十七里。陆门八，以象天八风。水门八，以法地八聪"，于公元前 514 年始建苏州城，为吴国都城，包含了如今的上海区域。战国时两地先后属越、楚，秦代建置吴县，为会稽郡治所。汉代设吴郡；三国时属孙权吴国；南朝时属梁，设吴郡；隋开皇九年（589 年）始称苏州。① 唐天宝十年（751 年），吴郡太守奏准设立华亭县，如今的上海区域开始有相对独立的行政区划。元朝华亭县改称松江府，下辖的上海县成立，面积约 2 000 平方公里，县域约等同于现在的吴淞江故道以南市区、青浦县大部、闵行区大部和浦东新区大部。元代后期，上海地区有松江府和嘉定、崇明两州及华亭、上海两县。此后，上海地区一直是苏州的一部分，从属于苏州。解放后，上海市人民政府成立，苏州市分为苏州市和苏州专区。1958 年，苏州专区与松江专区合并，同年，松江专区所属各县划归上海市。至此，今日的上海辖区范围基本确定。

2. 人文联系

文化上，上海与苏州文化都脱胎于吴文化，至今仍存有印记。上海和苏州都属于吴语区，在自然地理条件和人文环境上都有相似之处。现代交通方式出现之前，水运是苏南地区的主要交通方式。苏州和上海之间通过长江、太浦河和其他一些大大小小的河流进行人员和物资的流动交流，这也形成了吴文化的背景，为两者所共有（Zou, et al., 2001）。明清以来，苏州凝聚了南方的山水人文底蕴，形成鲜明的文化特点，发展成为江南的文化中心。

---

① 参见苏州市人民政府官网，http://www.suzhou.gov.cn/szsrmzf/szgl2021/gbszgl.shtml。

紧邻的松江府与苏州同出一源，联系紧密，受到苏州强大的辐射。彼时，松江府下辖的上海始终追随苏州，学习苏州，考据、文学、戏剧、艺术、游乐、饮食、服饰、建筑、园林，无不以苏州为榜样（张敏，2001）。可以说，上海在文学艺术、宗教信仰、生活习俗、社会风气等诸多方面都深受苏州影响（蔡丰明，2007）。100多年前，由于上海独特的地理和经济位置，上海从一个小渔村迅速发展成为一个大都市。在不断集聚周围经济资源的同时，上海也大量吸引了周围的文化资源，形成今天的海派文化。

城市形态方面，上海与苏州都以吴文化中的水为重要元素。上海的老城往往依水而建，河巷相依。朱家角、七宝、枫泾都是著名的水乡古镇，苏州河、黄浦江贯通上海，肇嘉浜路、陆家浜路这些以河命名的道路也都保留着上海城市形态的记忆。苏州更是江南文化的代表。周庄古镇、同里古镇、甪直古镇、千灯古镇，都是上海市民熟悉的去处。经济与文化并重的吴文化也充分体现在两座城市之中。上海城隍庙老城厢是自明代建庙宇以来逐步形成的庙市结合的商业、宗教活动区，各类商铺、摊贩借城隍庙会之光，形成了至今仍名扬四方的城隍庙集市（陶松龄、陈蔚镇，2001）。观前街作为苏州著名的历史街区，将主体玄妙观烘托于商业文化的世俗氛围之上，集商业、旅游、文化、宗教为一体，以其深厚的历史、蕴含的古典精神和人文气息，延续着苏州文化的辉煌。

人员往来方面，苏州是上海移民的重要来源。上海是一座移民城市，移民的崛起在近代上海发展中具有重要地位（张笑川，2013）。明清时期，由于工商业的发展，苏州成为江南的经济与文化中心。随着上海的开埠，大量移民涌入，占据地理便利的苏州人成为重要的群体。大量苏州商人来到上海创业，为上海大商业的氛围打下了重要基础。清朝末期，上海近代工业进一步发展，苏州平民也逐渐进入上海，促进了上海人口的快速增长，苏沪人口流动频率和规模大幅增加（张笑川，2013）。随着移民的增加，苏州在沪同乡、同业组织大量组建，对上海后来各领域的发展产生了长远的影响（表5.1）。它们的出现也使苏州和上海之间的联

表 5.1
近代旅沪苏州移民组织

名　称	成立时间	地　点	组建者和成员
苏锡公所（永义堂）	乾隆嘉庆年间		苏州、无锡鲜肉经营业主组建
成衣公所（轩辕殿）、（衣庄公所）	嘉庆二十二年（1817）	天灯弄	朱朝云等沪、苏、宁等三帮发起，成衣商人集资兴建
盛泾绸业公所	咸丰三年（1853）	苏州路盛泾里 242 号	盛泾、泗泾丝绸商人组建
茶食公所	光绪年间	尚文门路南应公祠路	苏帮茶食业主组建
上海盛泾绸业公所	清光绪十年（1884）	南苏州路 767 弄盛泾里 4 号	吴县盛泾、王江泾两地驻沪绸业申庄同业组建
书业崇德公所（上海书业崇德公所）	光绪十二年（1886）	新北门老街（今丽水路）72 号	迁居上海的苏州书商筹款创建
云锦公所	光绪二十年（1894）	唐家弄普福里（今北苏州路）	苏州绸布商人主管的苏缎批发业主组建
苏州集义公所（集义公所、苏州会馆）	光绪三十二年（1906）	法租界西门路白尔路 207 号（打铁浜）	苏州旅沪经营日本海产杂货商帮创建
珠宝业公所（韫怀堂、新汇市公所）	光绪三十四年（1908）	侯家路北首	苏帮珠宝业商沈时丰等组建
常熟米业公所		新昌路 529 弄 374 号	
驻沪常熟米商公所		闸北长安路长春坊	
平江公所（梓安堂、敬安堂）	光绪十九年（1893）	新闸路大通路口	严春旋等集资修建，成员为苏州府九邑商人
金庭会馆	1914 年 6 月	小南门外陆家浜路 1009 号	吴县洞庭西山旅沪商帮创建
洞庭东山旅沪同乡会	1912 年	爱文义路	张知笙、席锡蕃等发起，苏州洞庭旅沪工商业者组建
东山会馆	1915 年	丽园路 433—437 号	莫厘三善堂（成立于同治初年）与洞庭东山同乡会合建
苏州旅沪同乡会	1919 年（1945 年重新成立）	大通路 347 号	杨叔英、陈养泉、贝润生等发起，旧苏州府属旅沪人士组建
吴江旅沪同乡会	1919 年	老垃圾桥贻德路，后迁至吴江路 75 号	施子英、钱慈念等发起，江苏吴江旅沪工商业者组建
洞庭西山旅沪同乡会	1921 年 6 月	陆家浜路大兴街	江苏洞庭西山旅沪同乡筹建
吴江会馆	1922 年	普善路 310 号	江苏吴江旅沪工商业者组建
昆山旅沪同乡会	1946 年 7 月	永嘉路 368 号	
常熟旅沪同乡会	1948 年 1 月	中正北二路 75 号	

资料来源：张笑川，《试论近代上海文化的底色——旅沪苏州人与近代上海》，《社会科学》2013 年第 11 期。

系变得更为紧密，为双方的经济发展做出了贡献。20世纪60、70年代，公社、大队兴办企业时，大量上海的工程师、技术人员和技术工人利用周末时间到苏州各乡镇指导生产，帮助苏州创造了"苏南模式"，在全国广为流传并推广。

专栏5.3 苏州评弹到上海

租界为评弹在上海的发展提供了前所未有的新天地。从申报的报道和广告可知，1910年前后苏州光裕社的男性评弹也大举进入租界淘金。书场业极为兴盛，"上海的书场业有一个疯狂时期，三四马路、大新街附近一带以及南市城隍庙等处，简直是五步一家，十步一处，到处悬挂着书场灯笼与招牌"，各种新气象层出不穷：

男女共坐一书场听书。1912年12月11日至14日《申报》连续刊登《楼外楼广告》："特请姑苏名家吴西庚、叶声扬、吴祥和、吴瑞和，本楼自开幕以来，蒙中外伟人、富商巨贾，及闺阁名媛联袂偕来，莫不同声赞赏。本楼益加奋勉，精益求精，特聘姑苏名家，每晚八时起十一时止，演说古今全传，不另加资，以酬惠顾。诸君之雅意，堂倌小账，不取分文，如有需索，请告明账房，立即斥退，特此布告。楼外楼谨启"。

男女评弹艺人同台献艺。《申报》1916年10月7日广告："'天外天'，本公司增广游艺，特聘吴西庚、沈莲舫、朱兰庵、菊庵等弹词，并也是娥说书。"10月12日广告："'绣云天'开幕广告，男女说书。"

用苏州话做广告，足见占移民75%的江南人在租界的人气，以及评弹市场之大。1920年7月22日至25日《申报》广告："'新世界'。新世界请到弹词界第一小辈英雄吴玉荪，一位大发松格朋友来哉。（日档）描金凤，（夜档）玉蜻蜓。吴玉荪格书，眼下红得生生活辣化，无论先生们、娘娘笃，实头欢喜听。俪格书，因为俚喉咙又好，说法又好，爆头又多，血头又多，上子台，拼命格说，巴结听客，实头一等哉。俚格红，倒勿是碰额角头格红，倒是靠真本事格红。说点书，人人听得懂，而且大家勿行勿笑格。现在好容易到倪新世界来哉，六月初十起，日夜登台，各位请来听听罢。"

……

上海响档优于苏州响档。各游乐场以高额报酬吸引男女评弹名家、响档到上海献艺。当时大世界的茶厅书场、新世界的雅聚厅书场被称为"神仙书场"，采取包银制度，艺人的收入与书场经营的好坏无关，并签订长期合同，动辄一年半载。楼外楼、天外天屋顶花园、云外楼屋顶花园等也纷纷效尤。苏州评弹艺人开始"居上海"。此后饭店、旅馆、舞厅等附设书场大量兴起，比较有名的有东方书场、静园书场、仙乐书场、沧州书场等，它们都是花式书场，由四档或五档书越档演出。1931 年 6 月 23 日《申报》载擎南《说书闲话》云："十年以来，一般略具寸长之苏道说书人员，麇集沪埠，恋恋不去，非特苏之松太常，浙之嘉湖境属各乡镇，无说唱兼工之名家莅临，即光裕社产生地之苏州城内外各书场，亦都滥竽充数。"评话艺人唐耿良曾经回忆：上海响档是 20 世纪 20 至 60 年代评弹界最高层次的响档，"我说书十年，在苏州以及江浙码头也有了名气，可以称为码头响档，但这只是低层次的响档。我的奋斗目标是争取成为上海响档。因为上海是中国南方的经济文化中心，戏曲的名角，说书的响档都云集上海。一个说书人只有在上海的书场受到听众欢迎，走红了，才能称为上海响档，他到码头上去，人家会说他是'上海先生'，从而号召力倍增"。他本人就是上海 40 年代的"七煞档"、50 年代的"四响档"之一。

资料来源：唐力行，《从苏州到上海：评弹与都市文化圈的变迁》，《史林》2010 年第 4 期。

5.1.4　交通网络

　　交通网络是影响同城化的重要因素，交通便利可降低运输成本，缩短生产周期，增加人员往来。苏州与上海的交通网络建设长期优于嘉兴、南通。1996 年，沪宁高速公路通车，这不仅是江苏省的第一条高速公路，也是当时苏州连接上海的唯一一条高速公路。在铁路运输方面，苏州位于京沪铁路沿线，根据中国铁路官网数据，苏州每日往来上海有 446 趟车次，远高于上海与南通79 趟、与嘉兴 280 趟车次。航运上，苏州紧邻长江口，有京杭大运河及由张家港港、常熟港和太仓港组成的苏州港，是长江经济带产业转移主要承接城市。经过多年努力，沪苏两地的交通同城化日趋成型。

根据同济大学建筑与城市规划学院发布的《2020长三角城市跨城通勤年度报告》中上海与周边地级市的跨城通勤数据，苏州是流入上海市域及中心城区跨城通勤者的主要居住地，其中，流入上海市域的通勤规模占总量的93.2%，苏州市与上海市域的通勤入出比为2.52。在区县层面，昆山、太仓和苏州城区为流入上海市域通勤者的主要来源地，分别占总量的74.8%、12.7%和4.5%（图5.2）。

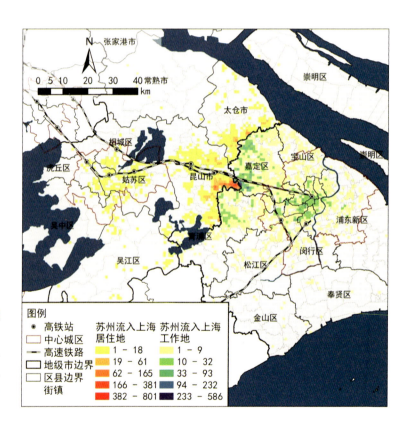

图5.2
苏州各区县流入上海通勤规模

资料来源：同济大学建筑与城市规划学院：《2020长三角城市跨城通勤年度报告》，2020年。

2016年，《苏州市综合交通运输"十三五"发展规划》提出，建设综合交通网络，包括铁路、公路、内河航运、沿江港口、公交设施、航空设施等方面。"十三五"以来，苏州市的综合交通运输快速发展，特别是沪苏通长江公铁大桥暨沪苏通铁路建成通车，沿江三市（太仓、常熟、张家港）结束了不通铁路的历史。[①]

5.2　沪苏同城化水平分析

5.2.1　同城化水平总体变化趋势

　　本节将结合上一章构建的同城化指数，对沪苏同城化的发展水平进行定量分析。考虑到数据的可获得性，我们重点关注同城化相似性指标的差异。为了便于纵向比较，我们将两座城市历年数据汇总进行标准化处理。近五年的相似性指标显示，上海和苏州在同城化发展上并未表现出上升态势，而是呈现出波动的形态（图 5.3）。根据测算，2015 年沪苏同城化水平的相似性指标得分为0.71，2016—2019 年有所下降，分别为 0.67、0.56、0.6、0.6。经济发展层面，2015—2019 年沪苏同城化的相似性指标得分分别为0.75、0.77、0.67、0.58、0.75；基础设施层面，2015—2019 年沪苏同城化的相似性指标得分分别为 0.6、0.42、0.3、0.42、0.38；

图 5.3
2015—2019 年沪苏同城化相似性指标变化趋势

	2015	2016	2017	2018	2019	年份
经济发展	0.75	0.77	0.67	0.58	0.75	
基础设施	0.60	0.42	0.30	0.42	0.38	
社会福利	0.99	0.78	0.63	0.71	0.68	
生态环境	0.49	0.72	0.66	0.71	0.59	
相似性水平	0.71	0.67	0.56	0.60	0.60	

---

① 　参见李亚平：《政府工作报告》，《苏州日报》2021 年 2 月 2 日。

社会福利层面，2015—2019年沪苏同城化的相似性指标得分分别为0.99、0.78、0.63、0.71、0.68，似乎有着差距扩大的趋势；生态环境层面，2015—2019年沪苏同城化的相似性指标得分分别为0.49、0.72、0.66、0.71、0.59。可以看到，沪苏两地在经济发展、社会福利与生态环境维度表现出较高的同城化水平，而基础设施发展水平上仍存在较大的差异。

5.2.2 指标层面的变化趋势

1. 经济发展

近五年，上海与苏州在经济发展水平层面的差距并未表现出明显的缩小（图5.4）。2015—2019年，沪苏同城化的人均GDP差距指标得分分别为0.47、0.62、0.35、0.23、0.91，2018年为近几年最低，2019年又反弹至近几年的最高水平；沪苏同城化的产业结构差距指标得分分别为1、0.82、0.88、0.76、0.35，两地的产业结构似乎呈现着相反的发展趋势；沪苏同城化的劳动生产率差距指标得分分别为0.79、0.85、0.77、0.74、1。

2015—2019年，上海人均GDP分别为103 796元、116 562元、126 634元、134 982元、157 279元；苏州人均GDP分别为136 702元、145 556元、162 388元、173 765元、179 174元

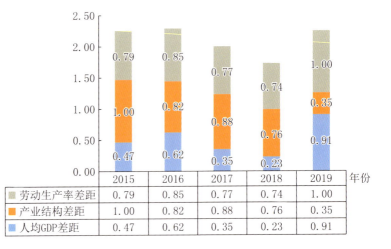

图5.4
2015—2019年上海与苏州经济发展水平相似度指标比较

年份	2015	2016	2017	2018	2019
劳动生产率差距	0.79	0.85	0.77	0.74	1.00
产业结构差距	1.00	0.82	0.88	0.76	0.35
人均GDP差距	0.47	0.62	0.35	0.23	0.91

（图 5.5）。可以看到，与上海都市圈其他城市不同的是，苏州的人均 GDP 明显高于上海，为沪苏同城化水平提升做出重要贡献。近几年的指标变化趋势显示，两地人均 GDP 差异的缩小除了源于上海增速的提升，部分原因在于苏州人均 GDP 增速的放缓。2015—2019 年，上海的三次产业与二次产业结构比值分别为 2.13、2.34、2.27、2.35、2.69；苏州的三次产业与二次产业结构比值分别为 1.03、1.1、1.08、1.06、1.09。两地产业结构变化呈现出差异化的趋势，上海的服务业比重正逐步上升，而苏州的二次产业和三次产业仍表现出均衡的发展趋势（图 5.6）。当然，这为今后两地的产业互补创造了良好的条件。在劳动生产率指标方面，上海与苏州的增长趋势较为接近（图 5.7）。

图 5.5
2015—2019 年上海与苏州人均 GDP 比较

图 5.6
2015—2019 年上海与苏州产业结构比较

（元/人）

图 5.7
2015—2019 年上海与
苏州劳动生产率比较

2. 基础设施

近五年，上海与苏州在基础设施水平层面的差距似乎逐渐扩大（图 5.8）。2015—2019 年，沪苏同城化的万人轨道交通长度差距指标得分分别为 0.6、0.67、0.82、0.84、1，表明近几年上海和苏州在轨道交通建设水平上的趋同；沪苏同城化的公路路网密度差距指标得分分别为 0.21、0.18、0.08、0.05、0，两地的公路建设水平差距在逐渐扩大；沪苏同城化的互联网普及率差距指标得分分别为 1、0.41、0、0.38、0.15，除了 2017 年，两地的信息基础设施建设水平也似乎存在着扩大的趋势。

2015—2019 年，上海的万人轨道交通长度分别为 0.28 公里、

图 5.8
2015—2019 年上海与
苏州基础设施水平相似度
指标比较

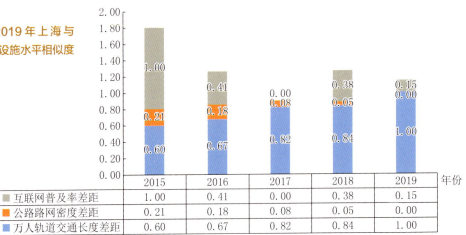

	2015	2016	2017	2018	2019
互联网普及率差距	1.00	0.41	0.00	0.38	0.15
公路路网密度差距	0.21	0.18	0.08	0.05	0.00
万人轨道交通长度差距	0.60	0.67	0.82	0.84	1.00

0.28 公里、0.3 公里、0.32 公里、0.33 公里；苏州的万人轨道交通长度分别为 0.07 公里、0.08 公里、0.13 公里、0.15 公里、0.2 公里（图 5.9）。与指标数据一致，两座城市近几年轨道交通建设方面都取得较大的成绩，差距也逐渐缩小。可以看到，与人均 GDP 差距指标不同，这种差距源于苏州的大幅度提升与追赶，这是一个好的趋势。2015—2019 年，上海的公路路网密度分别为 2.08 公里 / 平方公里、2.1 公里 / 平方公里、2.1 公里 / 平方公里、2.07 公里 / 平方公里、2.06 公里 / 平方公里；苏州的公路路网密度分别为 1.53 公里 / 平方公里、1.53 公里 / 平方公里、1.46 公里 / 平方公里、1.41 公里 / 平方公里、1.37 公里 / 平方公里（图 5.10）。

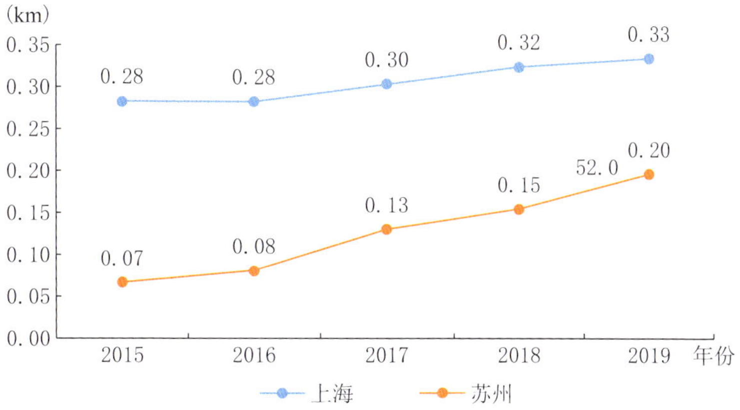

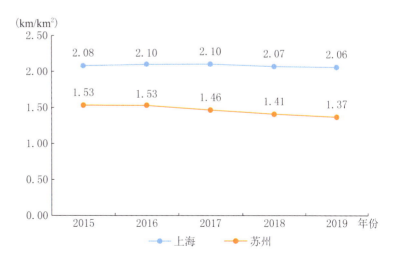

图 5.9
2015—2019 年上海与
苏州万人轨道交通长度
比较

图 5.10
2015—2019 年上海与
苏州公路路网密度比较

（户/人）

0.70

0.62

0.60   0.58   0.55

0.50   0.44

0.40 0.30   0.36   0.37

0.30 0.29   0.26   0.28

0.20

0.10

0.00
      2015   2016   2017   2018   2019 年份

          ●── 上海   ●── 苏州

图 5.11
2015—2019 年上海与
苏州互联网普及率比较

随着城市开发的逐渐饱和，两地都面临着公路建设的停滞问题。2015—2019 年，上海的互联网普及率分别为 0.29 户 / 人、0.26 户 / 人、0.28 户 / 人、0.36 户 / 人、0.37 户 / 人，苏州的互联网普及率分别为 0.3 户 / 人、0.44 户 / 人、0.58 户 / 人、0.55 户 / 人、0.62 户 / 人（图 5.11）。除了 2018 年，沪苏两地在信息建设的方面似乎差距逐渐扩大。

3. 社会福利

近五年，上海与苏州在社会福利水平层面的差距并未表现出明显的缩小（图 5.12）。2015—2019 年，沪苏同城化的人均就业保障支出差距指标得分分别为 1、0.29、0.22、0.53、0.47，除了 2016、2017 年，两地就业保障水平差距似有缩小的趋势。2015—2019 年，沪苏同城化的转移支付占财政支出比例差距指标得分分别为 1、0.74、0.19、0.14、0.17，差距在逐渐扩大。2015—2019 年，沪苏同城化的人均就业保障支出差距指标得分分别为 14、0.96、0.94、0.9、0.88，就业保障水平存在逐渐扩大的趋势，但不明显。2015—2019 年，沪苏同城化的人均预期寿命差距指标得分分别为 0.99、0.93、0.88、1、0.97，两地寿命预期相似。2015—2019 年，沪苏同城化的每万人普通高校在校生差距指标得分分别为 0.96、1、0.89、0.96、1，呈现波动的态势。

2015—2019 年，上海的人均就业保障支出分别为 2 249 元、

	2015	2016	2017	2018	2019
■ 每万人普通高校在校生差距	0.96	1.00	0.89	0.96	0.91
■ 人均预期寿命差距	0.99	0.93	0.88	1.00	0.97
■ 人均可支配收入差距	1.00	0.96	0.94	0.90	0.88
■ 转移支付占财政支出比例差距	1.00	0.74	0.19	0.14	0.17
■ 人均就业保障支出差距	1.00	0.29	0.22	0.53	0.47

图 5.12
2015—2019 年上海与苏州社会福利水平相似度指标比较

4 087 元、4 387 元、3 851 元、4 117 元；苏州的人均就业保障支出分别为 1 352 元、1 337 元、1 471 元、1 730 元、1 833 元（图 5.13）。2016、2017 年沪苏两地的就业保障水平出现过较大的差距，此后两年开始缩小，但两地的就业保障水平仍存在较大差距，上海的人均就业保障支出达到了苏州的 2 倍以上。2015—2019 年，上海的转移支付占财政支出比重分别为 21.99%、25.8%、35.58%、33.17%、33.28%；苏州的转移支付占财政支出比重分别为 20.81%、19.77%、19.62%、16.29%、16.97%（图 5.14）。上海的转移支付比重呈上升趋势，而苏州的转移支付比重逐年下降，因而差距逐渐扩大。2015—2019 年，上海的人均可支配收入分别为 52 962 元、57 692 元、62 596 元、68 034、73 615 元；苏州的人均可支配收入分别为 50 390 元、54 341 元、58 806 元、63 481 元、68 629 元（图 5.15）。上海的人均收入略高于苏州，两地的人均收入以相同的趋势增长。然而，苏州明显高于上海的人均 GDP 却没有在人均收入上体现出来。2015—2019 年，上海的人均预期寿命分别为 82.75 岁、83.13 岁、83.37 岁、83.63 岁、83.66 岁；苏州的人均预期寿命分别为 82.87 岁、82.9 岁、83.04 岁、83.54 岁、83.92 岁（图 5.16）。两地相似的社会自然环境，使得人均预

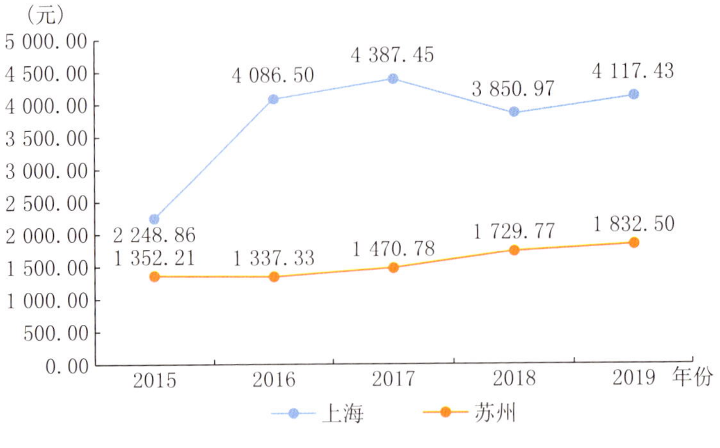

图 5.13
2015—2019 年上海与
苏州人均就业保障支出
比较

图 5.14
2015—2019 年上海与
苏州转移支付占财政支出
比重比较

图 5.15
2015—2019 年上海与
苏州人均可支配收入比较

图 5.16
2015—2019 年上海与苏州人均预期寿命比较

图 5.17
2015—2019 年上海与苏州每万人普通高校在校生比较

期寿命也大致保持相同的增长趋势。2015—2019 年,上海的每万人普通高校在校生分别为 212 人、213 人、213 人、214 人、217人;苏州的每万人普通高校在校生分别为 202 人、206 人、196人、203 人、232 人(图 5.17)。苏州近几年在高等教育上的大力投入保证了其大学生在校生数量的稳步增长,而未受到来自上海的虹吸效应影响。

4. 生态环境

近五年,上海与苏州在生态水平层面的差距保持稳定(图 5.18)。2015—2019 年,沪苏同城化的单位 GDP 耗电量差距指标分别为0.47、0.45、0.42、0.43、0.38,两地的能耗水平差距保持稳定。

	2015	2016	2017	2018	2019
节能环保占财政支出比重差距	0.00	0.78	0.75	1.00	0.81
人均公园绿地面积差距	1.00	0.93	0.80	0.70	0.59
单位GDP耗电量差距	0.47	0.45	0.42	0.43	0.38

图 5.18
2015—2019 年上海与
苏州生态环境水平相似度
指标比较

2015—2019 年，沪苏同城化的人均公园绿地面积差距指标得分分别为 1、0.93、0.8、0.7、0.59，表明在绿化建设上的差距逐渐扩大。2015—2019 年，沪苏同城化的节能环保占财政支出比重差距指标得分分别为 0、0.78、0.75、1、0.81。

2015—2019 年，上海的单位 GDP 耗电量分别为 571.45 千瓦时 / 万元、542.28 千瓦时 / 万元、498.41 千瓦时 / 万元、479.40 千瓦时 / 万元、411.10 千瓦时 / 万元；苏州的单位 GDP 耗电量分别为 904.38 千瓦时 / 万元、893.42 千瓦时 / 万元、868.11 千瓦时 / 万元、840.16 千瓦时 / 万元、802.91 千瓦时 / 万元（图 5.19）。由于两地主导产业的差异，上海与苏州在生产能耗上存在较大差距。2015—2019 年，上海的人均公园绿地面积分别为 7.62 平方米 / 人、7.83 平方米 / 人、8.19 平方米 / 人、8.49 平方米 / 人、8.82 平方米 / 人；苏州的人均公园绿地面积分别为 4.28 平方米 / 人、4.31 平方米 / 人、4.32 平方米 / 人、4.33 平方米 / 人、4.36 平方米 / 人（图 5.20）。沪苏两地在绿化建设水平上的差距逐年扩大，上海的人均公园绿地面积已经增长到苏州的 2 倍以上。2015—2019 年，上海的节能环保占财政支出比重分别为 1.69%、1.94%、2.98%、2.79%、2.25%；苏州的节能环保占财政支出比重分别为 4.68%、2.72%、3.85%、2.96%、2.95%（图 5.21）。近两年两地的节能环

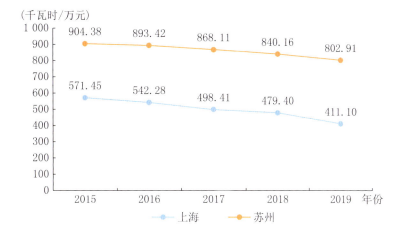

图 5.19
2015—2019 年上海与苏州单位 GDP 耗电量比较

图 5.20
2015—2019 年上海与苏州人均公园绿地面积比较

图 5.21
2015—2019 年上海与苏州节能环保占财政支出比重比较

保支出比重都呈下降趋势，差距也随之减少。

5.2.3 沪苏同城化的指标贡献度

尽管随着时间推进，指标体系各个层面的差异存在扩大或者缩小的趋势，但并不能完全反映它们对沪苏同城化的作用。我们将通过梳理各个指标贡献率的变化趋势，来分析推动沪苏同城化进程的原因（表5.2）。

1. 经济发展

2015年沪苏同城化的人均GDP差距指标的贡献率仅为1.1%，2019年大幅增长到10%。该指标对沪苏同城化影响巨大。产业结构差距指标的贡献率由2015年的10.9%增长到2019年的12.1%，提升了1个百分点。劳动生产率差距指标的贡献率尽管自2015年的11.7%下降到2018年的11.6%，但2019年又回升到了12.8%。

2. 基础设施

2015—2019年，沪苏同城化的万人轨道交通长度差距指标的贡献率分别为14.3%、15.1%、16.2%、16.1%、14.5%，多年稳定在15%上下的水平，是指标体系中对沪苏同城化贡献率最高的指标。公路路网密度差距指标的贡献率多年维持在1%的水平上，对同城化的影响不大。互联网普及率差距指标的贡献率由2015年的9.15%大幅跌落至2019年的0.97%，影响着基础设施的同城化水平。可以看到，尽管轨道交通建设对两地同城化水平有较高的正向影响，但受制于公路及互联网的较低贡献率，基础设施层面对沪苏同城化的贡献率总体水平并不高。

3. 社会福利

社会福利水平层面的各指标维持着相对均衡的贡献率。沪苏同城化的人均就业保障支出差距指标的贡献率由2015年的7.0%下降到2019年的5.1%；转移支付占财政支出比例差距指标的贡献率由2015年的7.9%下降到2019年的7.2%；人均可支配收入差距指标的贡献率由 2015 年的 6.2% 上升到 2019 年的 6.3%；人均预期寿命差距指标的贡献率先升后降，2015 年与 2019 年分别为 8.3% 和 8.1%；每万人普通高校在校生差距指标的贡献率由 2015 年的 8.6% 上升到 2019 年的 8.7%。社会福利层面始终对沪苏同城化做出最大贡献。

4. 生态环境

生态环境水平层面各指标的贡献率相对较低。单位 GDP 耗电量差距指标的贡献率由 2015 年的 3.2% 下降到 2019 年的 2.9%；人均公园绿地面积差距指标的贡献率由 2015 年的 9.6% 下降到 2019 年的 6.3%；节能环保占财政支出比重差距指标的贡献率由 2015 年的 1.1% 上升到 2019 年的 3.9%，尽管该指标有所上升，但相对于其他领域的贡献仍然较低。总体来看，生态环境水平的差异发展，某种程度上阻碍了沪苏同城化进程。

表 5.2
2015—2019 年沪苏同城化的相似性层面指标贡献率（%）

	指 标 层	2015	2016	2017	2018	2019
	人均 GDP 差距	1.1	3.2	1.5	1.3	10.0
经济发展水平差异	产业结构（三产比二产）差距	10.9	10.5	10.3	8.8	12.1
	劳动生产率差距	11.7	13.2	12.4	11.6	12.8
	万人轨道交通长度差距	14.3	15.1	16.2	16.1	14.5
基础设施水平差异	公路路网密度差距	1.1	1.0	1.0	1.0	0.9
	互联网普及率差距	9.15	0.97	0.97	0.95	0.97
	人均就业保障支出差距	7.0	7.0	6.2	4.3	5.1
	转移支付占财政支出比例差距	7.9	8.2	9.6	3.9	7.2
社会福利水平差异	人均可支配收入差距	6.2	6.6	7.1	7.0	6.3
	人均预期寿命差距	8.3	8.1	9.5	9.5	8.1
	每万人普通高校在校生差距	8.6	8.9	9.0	9.2	8.7
	单位 GDP 耗电量差距	3.2	3.4	3.4	3.4	2.9
生态环境水平差异	人均公园绿地面积差距	9.6	8.2	8.9	8.4	6.3
	节能环保占财政支出比重差距	1.1	5.5	3.9	14.5	3.9

5.3 沪苏同城化的困难及展望

5.3.1 沪苏同城化面临的困难

1. 发展水平仍存在差距

从同城化指数分析结果可以看到，上海和苏州的同城化水平并未表现出稳定增长。相反，经济发展水平及社会福利水平方面，两地的差异性呈现出波动甚至扩大的趋势。尽管夜间灯光地图显示了两地很高的空间一体化水平，但在质量上的差距仍然存在。有趣的是，两地行政边界处的发展似乎表明，苏州在积极融入上海，而上海的行动相对缓慢（专栏4.4）。

专栏 5.4 沪苏边界——一边高楼，一边田园

在昆山和上海的交界处有一条河叫白虬江，河的一边是昆山的花桥镇，另一边是上海青浦区的新江村。一些在上海工作的人，因为花桥紧邻上海，又有轨道交通，就在花桥购房。有趣的是，花桥这边高楼林立，而白虬江对岸的新江村由于处在上海行政区域的边界，并没有进行城市开发，还是保留着村落的形态。昆山高楼和上海田园形成了强烈的反差。

2. 交通设施互联仍存在障碍

由于沪苏两地跨越两个省级行政区划单位，交通一体化发展水平有待提升。尽管"断头路"的问题得到了极大改善，但城际公共交通的建设仍推行缓慢。城际公交、城际铁路供给不足，跨行政区、以通勤为目的轨道交通线路还未开通，有效的运输服务不能满足通勤需求，公路客运潜力未得到充分利用。上海轨道11号线尽管已通往花桥，但进一步与苏州主城区的相连仍存在困难。嘉定与太仓毗邻，但仍需要通过长途汽车来满足两地的公共通勤需求。出行服务便捷程度不高，客运服务在服务便捷性、时效性方面与同城化通勤出行的需求不匹配，交通信息共享互联尚未实现。

3. 产业和创新一体化较难实行

尽管在产业结构上沪苏两地存在互补，但在战略性新兴产业方面，两地存在一定重合度，在市场机制的作用下，产业链分工难以形成。核心技术的协同创新程度方面仍存在不足，未形成联合攻关的合力。上海作为崛起中的全球城市，要素的集聚能力不断增强，也对周围地区产生了明显的虹吸效应，辐射作用容易被削弱。

4. 行政体制仍存在壁垒

由于缺少顶层设计，沪苏两地的同城化往往受制于行政级别的不对等、地方发展意愿的不统一、成本分担和利益分享机制的不完善等问题。两地政府在制定发展规划或进行合作时最关心的不可避免地还是自身利益，试图保证本地利益最大化，阻碍了区域发展协调机制的形成。在现有政府管理体制下，跨区域的利税分享、土地利用指标平衡、跨区域流域治理等方面仍面临着诸多制约。如现行的土地制度和户籍制度是影响要素自由流动的重要因素，抑制了两地进一步地同城化。2020年，《中共中央国务院关于构建更加完善的要素市场化配置体制机制的意见》印发，提出"深化户籍制度改革。推动超大、特大城市调整完善积分落户政策，探索推动在长三角、珠三角等城市群率先实现户籍准入年限同城化累计互认。放开放宽除个别超大城市外的城市落户限制，试行以经常居住地登记户口制度"。该意见的提出有助于打破上海都市圈区域内城市的人口流动壁垒。但上海作为超大城市，户籍制度改革需要一个循序渐进的过程，难以在短时间内进行较大变动，外来人口要落户上海依然存在阻碍。

此外，地方"行政分隔"的管理方式仍较突出，利益诉求差异导致各地发展中的"成本—收益"不同，各地对区域一体化建设积极性以及关注点也不尽相同。沪苏两地在规划建设方面依然缺乏统一共识，由于城市级别、经济发展等方面的不同，资源配置不顺畅问题始终未能解决。

专栏 5.5　行政区域竞争是都市圈建设的最大障碍

都市圈的协调发展还有很长的路要走，行政力量干预，既有统一规划的好处，但也要克服内部因为政绩考核等带来的资源抢夺。因为，公共服务供给是区域封闭的，GDP 政绩和财政供给，也都以行政区为界限。行政区域之间的竞争，直接影响到基础设施区域间的配置，影响人口的流向，最终关系到利益分配格局。而由行政权力传导形成的要素积累，使中心城市产生了一定排他性。

资料来源：李宇嘉，打造都市圈增长极：《定位、功能和建设路径——基于"沪嘉一体化"的分析》，《中国房地产》2019 年第 19 期。

5.3.2　沪苏同城化的展望

1. 基础设施互联将为沪苏同城化提供重要基础

《上海市城市总体规划（2017—2035 年）》在"增强铁路枢纽辐射服务能力"部分提出，"加快推进沪通铁路，规划建设沪乍杭铁路、沪杭城际铁路、沪苏湖铁路（新增），研究控制北沿江铁路、沪甬（舟）铁路"。目前，上海和苏州之间已有沪宁高铁和城际铁路，多条高速公路，以及沪苏通和沪苏湖铁路（在建）等铁路和公路通道。此外，在《虹桥国际开放枢纽建设总体方案》中也明确纳入苏州市的昆山、太仓、相城和苏州工业园区，基础设施同城化不断提速。苏州北站作为地级市中与虹桥枢纽最近的高铁站，在扩建后将与虹桥国际开放枢纽完成深度对接，共同承担长三角客运中心功能，进一步扩大跨城通勤范围。

在轻轨方面，《上海市城市总体规划（2017—2035年）》则提出，"在宝山、嘉定、青浦、松江、金山、崇明方向预留通道与近沪城镇对接"。目前，在建的苏州地铁S1号线将对接上海11号线，嘉闵城际铁路将北延直达太仓，而上海轨道交通17号线亦将延伸到苏州吴江。

沪苏两地的公路水运网络也逐步完善。公路方面，昆山—

专栏 5.6　上海港太仓服务中心

太仓港集装箱四期码头项目于2018年4月开工，建设4个5万吨级集装箱泊位及相关配套设施，水工结构按靠泊10万吨级集装箱船设计，码头长度1 292米，设计年通过能力200万标箱。堆场设计配置无人双悬臂梁自动化轨道吊，利用AR、人工智能等技术手段实现安全管理智能监控，可实现减少设备作业人员约70%，提高码头作业效率近20%，在节约装卸成本的同时，也降低了作业安全风险。四期码头启用后，太仓港集装箱设计年通过能力达到635万标箱，未来将承接上海港溢出的近远洋、内贸等航线箱源，对推动沪太同港化进程，完善长三角区域集装箱运输体系具有重要意义。

上海港太仓服务中心运营后，将积极整合沪太两港资源，打造一个窗口对外的客服体系，做到"信息前置、服务前置"，共同引导长江中上游和长三角内河港口集装箱在太仓港集并，通过沪太水上专线，定点分拨至上海港各港区，实现货物进入太仓港即视同进入上海港。

资料来源：中国江苏省委新闻网，http://www.zgjssw.gov.cn/shixianchuanzhen/suzhou/202106/t20210629_7140239。

青浦、太仓—嘉定及吴江—青浦的多条断头路已建成通车，毗邻区域公交线路联通率有了极大提升。水运港口方面，苏州通过吴淞江、太浦河联系上海，随着航道的改造完成，吴淞江将成为沪苏最短的内河货运航线。苏州园区港至上海宜东码头集装箱内贸"水水中转"支线、至外高桥外贸集装箱"陆改水"航线将成为重要的集装箱运输航道。太仓港与上海港的集装箱江海联运系统也在推进中，沪太同港化正助力沪苏同城化的加速发展。

2. 产业协同发展将成为沪苏同城化的重要支撑

产业协同是沪苏同城化的纽带。如果说交通同城化缩短了沪苏之间的物理距离，使同城化成为可能，那么产业的整合和互补则强化了沪苏之间的经济联系，深化了同城化的内涵。与之相关的政策有，2019 年出台的《国家发展改革委关于培育发展现代化都市圈的指导意见》，提出要"强化城市间产业分工协作。以推动都市圈内各城市间专业化分工协作为导向，推动中心城市产业高端化发展，夯实中小城市制造业基础，促进城市功能互补、产业错位布局和特色化发展"。《长江三角洲区域一体化发展规划纲要》在"引领长三角一体化发展"部分提出，"充分发挥示范区引领带动作用，提升上海虹桥商务区服务功能，引领江苏苏州、浙江嘉兴一体化发展，构建更大范围区域一体的创新链和产业链"。

近年来，苏州积极对接上海，在产业及创新方面开展合作。中科院上海硅酸盐研究所、中科院上海技术物理研究所等研究院相继在苏州设立。未来，苏州将在航空航天、汽车及零部件等产业上为上海提供产业链配套，并进一步发挥新一代信息产业、新一代信息技术、生物医药、纳米技术应用及人工智能等先导产业优势，推动两地在纵向产业链上的优势互补。

3. 社会公共服务共建将成为沪苏同城化的优先领域

市民往来是沪苏同城化的重要标志，社会公共服务是大家关心的核心问题。目前沪苏公共服务同城化在医疗、教育、文化这三个领域有较大突破。在医疗同城化方面，苏州对接上海高端医疗卫生资源，苏州科技城医院与上海复旦大学附属肿瘤医院合作建设肿瘤中心，相城区人民医院与复旦大学附属中山医院联合挂牌设立"长三角合作医院"，上海瑞金医院太仓分院项目签约启动，建设上海市中医医院——示范区中医联合体。沪苏两地已实现跨省异地就医及结算。在教育同城化方面，苏州与上海普陀区、浙江嘉兴市、安徽芜湖市等共同成立"长三角一体化四地教育联盟"，中国农科院华东农业科技中心落户苏州，面向长三角打造集聚农业高端人才的重要载体。上海世外教育集团国际融合教育项目落户太仓。推动沪苏两地职业教育集团加快产教融合，苏州吴江区、上海青浦区、浙江嘉善县首次跨省域中职招生和跨省域中高职贯通培养，目前 37 名学生实现了异地入学。在文旅合作方面，苏州美术馆与上海联合打造"江南文化"品牌，举办江南主题展览。苏州引入总部位于上海的携程、喜马拉雅等知名互联网平台，通过深度合作推动文旅数字化发展。

随着城乡统筹、社会保障等公共服务领域的逐步均等化，市场化手段将引导要素的自由流动，实现沪苏教育、医疗、养老等公共服务资源的逐步共享，以公共服务同城化促进沪苏同城化。

4. 生态环境共治将成为沪苏同城化的重要突破口

2019 年，上海青浦、江苏吴江和浙江嘉善联合举行"不忘初心牢记使命"长三角生态绿色一体化发展示范区协同治水启动仪式。2020 年，《长江三角洲区域一体化发展规划纲要》江苏实施方案提出，"打造生态友好型一体化发展样板。以上海青浦、江苏吴江、浙江嘉善为长三角生态绿色一体化发展示范区，充分发挥苏州在示范区建设中的重要作用，示范引领长三角地区更高质量一体化发展"。

自然环境独立于社会存在，行政的区划并不能阻断自然空间上的衔接。因此，长三角生态绿色一体化发展示范区将是实施沪苏同城化的重要突破口。苏州的吴淞江绿廊、太浦河绿廊与上海环淀山湖水乡古镇天然衔接，可以成为沪苏两地生态共治的实施载体。虽然体制机制问题不能在短时间内解决，但两地可以就生态治理问题共同规划、统一标准，促进信息共享与人员互通。通过生态产品价值转化，两地共同探索可持续的生态保护机制，以此为契机，不断探索机制体制上的统一。

6

沪嘉同城化

嘉兴作为上海资源辐射的承接地之一，有着独特的区位优势。近年来，嘉兴持续探索加速接轨上海，谋求区位优势与承接效应的最大化。上海都市圈的规划建设有力地推动了沪嘉同城化的进程。

Jiaxing, as one of the undertaking places of Shanghai's resource radiation, has a unique location advantage. In recent years, Jiaxing has continued exploring and accelerating its connection with Shanghai, seeking to maximize the location advantage and undertaking effect. The planning and construction of the Shanghai metropolitan area have strongly promoted Shanghai-Jiaxing integration.

6.1 沪嘉同城化的历史基础及现实条件

6.1.1 空间关系

嘉兴市位于浙江省东北部、长江三角洲杭嘉湖平原腹心地带，是长江三角洲重要城市之一，东临大海，南倚钱塘江，北负太湖，西接天目之水，大运河纵贯境内。市城处于江、海、湖、河交会之位，扼太湖南走廊之咽喉，与沪、杭、苏、湖等城市相距均不到百公里，区位优势明显，尤以在人间天堂苏杭之间著称。[1] 从空间上看，上海虹桥枢纽到嘉兴的直线距离约70公里。嘉兴市下辖的嘉善县、平湖市均与上海接壤，嘉兴也是浙江省省内唯一与上海陆域相接的城市，是浙江接轨上海的排头兵（见图6.1）。

图 6.1
上海都市圈中上海和嘉兴位置示意图

资料来源：课题组绘制。

---

[1] 参见嘉兴市人民政府官网，http://www.jiaxing.gov.cn/col/col1536188/index.html。

　　嘉善县开发区（惠民街道）枫南村群众对紧邻上海的枫泾镇总有着难以割舍的情愫。

　　历史上枫南村和枫泾镇本是"一家"，如今超过六成的枫南人在枫泾镇有亲戚，枫南人逢年过节都喜欢去枫泾镇逛街、购物。"十多年前在这边自来水厂工作，每个月都要到上海的公路检查站去收水费，他们喝的是嘉善水。"枫南村党委书记盛丽霞回忆说，枫南村上世纪还有很多从枫泾镇拉过来的电线，区域部分用的是上海的电。

　　沪善毗邻区域协同共进，不仅是长三角一体化发展的时代需要，更是历史文化的深刻传承、群众百姓的热切期盼。随着上海之窗·枫南小镇的建设，这样一个寻亲、牵手的崭新机遇已经到来。……

　　"小镇不仅是高品质的国际新城，更强调的县开发区与省际毗邻区域的交通互联、资源互补、功能互相、产业互通。"县开发区管委会相关负责人介绍说。

资料来源：嘉兴市嘉善县人民政府，《沪嘉边界上崛起产业新城》，https://www.sohu.com/a/323029322_120156619。

6.1.2　经济产业

　　嘉兴与上海的产业合作由来已久。1992 年国务院正式批复设立浦东新区后，嘉兴就在浙江省率先提出接轨上海的工作思路。彼时，上海与嘉兴的产业联系更多表现为"农业接轨"，"菜篮子"的称呼也开始流行。时至今日，上海市民对嘉兴的农产品依然青睐有加。除了农业外，工业合作也在持续进行。2001 年，嘉兴市与浦东新区缔结了友好关系，两地政府签署了工业、农业、科技、旅游、城建、人才交流、开发区建设等七个领域的专项合作协议。[1]2014 年，嘉兴市政府印发《嘉兴市深化接轨上海三年行动

---

① 　参见《嘉兴：从"接轨上海"到"融入上海"》，浙江在线新闻网站，2004 年 2 月 11 日，https://zjnews.zjol.com.cn/05zjnews/system/2004/02/11/002394029.shtml。

计划（2014—2016年）》，对嘉兴承接上海产业转移进行了多方面的规划，提出让嘉兴成为"上海高端产业的首选配套地"，"构建产业互补的大分工格局"。

早期沪嘉产业合作主要表现为简单的产业转移，慢慢演进为承接高端项目，如今沪嘉产业则越来越表现为协同创新的趋势。2017年，浙江省政府同意嘉兴市设立浙江省全面接轨上海示范区，要求示范区"着力打造我省与上海创新政策率先接轨地、高端产业协同发展地、科创资源重点辐射地、一体化交通体系枢纽地、公共服务融合共享地，为我省全面接轨上海提供示范"。① 由此可见，嘉兴不再满足于仅仅成为上海的工业产业配套城市，而是寻求进一步的科技创新，抢抓技术溢出，与上海高端产业形成利益共享、协同发展之势。

从三次产业结构看，《嘉兴市国民经济和社会发展统计公报》数据显示，2020年，嘉兴第二产业增加值为2 861.09亿元，第三产业增加值为2 524.25亿元，三次产业增加值结构为2.3:51.9:45.8。目前，嘉兴的第二产业依然是经济发展的主导产业，服务业发展相对缓慢。从工业角度看，嘉兴的新动能逐步壮大，新产业逆势上扬，产业竞争力增强。2020年，嘉兴全市工业增加值为2 560.40亿元，占全市生产总值的46.5%。全市规模以上工业重点产业中，高新技术产业增加值为1 339.38亿元，战略性新兴产业增加值为934.83亿元，装备制造业增加值为785.11亿元。与苏州类似，嘉兴的经济增长也比较依赖制造业，与上海产业发展形成了一定的错位。2021年5月30日，在中国科协第十次全国代表大会闭幕会上，"科创中国"创新枢纽城市名单正式发布，嘉兴成为长三角地区唯一入选城市，这也将成为上海都市圈及沪嘉同城化的重要机遇。

此外，嘉兴在产学融合、高科技成果转化方面也与上海开展

① 参见浙江省政府办公厅：《浙江省人民政府办公厅关于同意设立浙江省全面接轨上海示范区的复函》，2017年3月29日。

了一些合作。例如，嘉兴平湖已经与上海交通大学先进产业技术研究院合作，签订共建平湖市企业转型升级研究院，通过构建平台带动嘉兴平湖的产业结构转型升级。

专栏 6.2　嘉兴推动与上海新能源产业合作

2019 年 9 月 19 日下午，"2019 嘉兴港区（上海）投资合作大会暨氢能产业发展论坛"在黄浦江畔隆重举行。来自沪上友好园区街道、高端学府、世界 500 强公司、跨国公司驻沪行业协会等单位机构和国内氢能源相关企业共百余人参加了活动。

氢能产业是引领未来绿色发展的朝阳产业，氢能作为清洁能源的载体，是未来清洁低碳能源系统的核心之一，更是全球能源技术革命的重要方向。嘉兴港区此次以氢能专场的形式邀请各界携手，共同描绘中国氢能产业发展的宏伟蓝图，共同展望长三角氢能产业发展的光辉前景，共同谋划嘉兴港区氢能产业的发展路径。嘉兴港区将发挥地理区位优势、港口优势、工业副产氢优势，努力打造长三角氢能港，助推嘉兴市创建浙江氢能产业应用示范区。会上提出了深化接轨上海、融入长三角的领域和具体路径，并就即将出台的《关于嘉兴港区氢能产业发展实施方案》征求意见。会上还签署了一批合作与投资协议，总投资额近 40 亿元，涵盖友好街镇合作、校地共建研究院，以及航空航天、人工智能、数字经济、氢能源等领域，必将为嘉兴港区产业发展提供新动能。

资料来源：嘉兴市人民政府，《2019 嘉兴港区（上海）投资合作大会暨氢能产业发展论坛在沪成功举办》，http://www.jiaxing.gov.cn/art/2019/9/23/art_1556437_38337216.html。

6.1.3　历史文化

上海不仅与苏州有着深厚的渊源，还与嘉兴历史文脉相传。通过对沪嘉历史的梳理可以发现，上海的部分地区与嘉兴也曾同属于一个行政区域。

秦统一后，置会稽郡于吴县（治今江苏省苏州市）。今嘉定区西部属于娄县（治今江苏省昆山市东北），今松江区、青浦区及闵行区冈身以西地区在由拳县（治今浙江省嘉兴市南）境；今金山区及奉贤区冈身以西地区属海盐县（治今金山区张堰镇南）。西汉初期，上海地区曾分属于楚王韩信、荆王刘贾、吴王刘濞领地。两汉时期归属娄、由拳、海盐三县。三国两晋时期，上海地区分属吴郡娄、嘉兴、海盐三县。东汉建安二十四年（219年），东吴名将陆逊曾被封为华亭侯，是正史第一次出现"华亭"地名，也往往被视为上海地方史的开端。①

上海开埠后，西方的思想、文化及技术陆续传入上海。许多嘉兴人到上海学习、工作，出现了一批批影响后世的大家：王国维、李叔同、张元济、徐志摩、茅盾、丰子恺、张乐平、金庸、孙道临等等。红色、水乡、灶画，许多元素在两地共存，吴越文化、沪文化、西方文化在两地交融。由于嘉兴与上海的地缘接近，文化相似，嘉兴也被称为浙江与上海连接的"桥头堡"。

专栏 6.3　那些年上海滩的嘉兴文化大咖

自古嘉兴和上海，地相邻，人相亲，习相近。

元代时设嘉兴路（路是行政区域名，元代的路相当于明清的府），华亭（松江的古称）一度由其管辖。鸦片战争的炮火，打开了中国的大门，也惊醒国人，开启了中国现代化历程。上海作为通商口岸，由一个小渔村逐渐发展为东西文化交汇、人才聚集的现代化大都市。西方的各种学说、思想、新式学校、出版社、报纸杂志……都传入上海。许多嘉兴人因求学、工作等原因来到上海，在这里学习新知，开拓眼界，施展抱负，走向世界。他们中有一些人快速成长，逐渐化为中国文化史上一个个响当当的名字：国学大师王国维，艺术奇才李叔同，出版巨擘张元济、陆费逵，诗人徐志摩，文学家茅盾，漫画家丰子恺、张乐平，历史地理学家谭其骧，翻译家朱生豪，武侠大师金庸，电影表演艺术家孙道临，作家孔另境……走出嘉兴，上海成了他们生命中的重要舞台。

资料来源：高云玲，《那些年上海滩的嘉兴文化大咖》，《嘉兴日报》2017年8月4日。

---

① 《上海，竟从战国时代一步步走来》，上海热线，https://culture.online.sh.cn/culture/gb/content/2016-02/12/content_7718128.htm。

6.1.4 交通网络

交通是同城化的基础。从国内外区域经济社会发展看，一般重大的交通工程建设可以带动区域经济格局和沿线城市地位的改变。上海与嘉兴不仅陆域接壤，文化相似，交通也逐渐连为一体，往来十分便利。

1998 年 12 月 29 日，嘉兴第一条高速公路——沪杭高速诞生，虽说名字只包含了"沪"和"杭"，但嘉兴段占了约三分之二，约 88 公里。[①] 此后数十年，沪杭高速公路不断调整升级，至今在浙江省内高速路网中仍然占据重要位置。

专栏 6.4 依托高速公路发展的服务业

1999 年，位于沪杭高速上的嘉兴服务区投入运营。当时服务区在大家眼中还属于新鲜事物，大多数服务区仅具有停车、休憩、加油、如厕等基本功能。嘉兴服务区抓住公众出行需求，积极探索新型商业运营模式。如今国内驰名的五芳斋粽子，就是在那个时候率先入驻嘉兴服务区的。服务区迅速地促进了五芳斋粽子在市场上的推广，从此五芳斋开始走向全国，走进了人民群众的视野。据沪杭高速嘉兴服务区经理陈永杰介绍，五芳斋粽子 2018 年在嘉兴服务区营收约 2.75 亿元，相当于一天有 75 000 元左右的粽子销售额。嘉兴服务区也已经发展为集众多品牌于一体的新型商业综合体，麦当劳、星巴克等国际知名品牌相继入驻嘉兴服务区。热闹、繁华的气息向途经此地的人们展示了浙江欣欣向荣、快速发展的形象。

高铁的便捷、飞机的快速，让时间和空间的距离被骤然缩短。而在这些新型交通运输方式背后支撑的是一条条像沪杭一样的高速公路，它们密集交织，结成路网，顺应时代的需求不断转型升级，走过 10 年、20 年，迈向 30 年、40 年，以交通的名义，展现浙江的实力。

资料来源：《交通旅游导报》2019 年 8 月 12 日，https://www.sohu.com/a/333282205_647893。

---

① 参见《浙江嘉兴"全面接轨上海"谋发展》，中国经济网，2017 年 6 月 2 日，http://district.ce.cn/zg/201706/02/t20170602_23387759.shtml?from=singlemessage。

2010 年 10 月 26 日，沪杭高铁全线正式通车，嘉兴到上海的时空距离，骤然缩短到 24 分钟，使沪嘉同城化成为可能。截至 2020 年，十年的时间，嘉兴南站从日均客流量 298 人次到疫情前的日均 15 000 多人次，停靠嘉兴的高铁列车也愈来愈多。"十年来，嘉兴南站日均办客列数从一开始的 76 列到现在的 217 列。给你算算沪杭线有多繁忙，按一天 16 个小时运营时间算，平均不到 5 分钟，就有一班高铁在嘉兴南站停靠！"嘉兴南站值班站长如是说。[①]

除了公路和铁路，嘉兴的航空和水运同样四通八达。在航空方面，嘉兴占据地理优势，与上海的虹桥机场和浦东国际机场处于一小时交通圈内。嘉兴港是嘉兴的重要水路运输港口，港口开发带动了嘉兴仓储物流业的迅猛发展，而作为长三角地区的重要交通枢纽和港口城市，嘉兴在与上海的产业协作中，也提出进行现代物流产业的对接。

同济大学建筑与城市规划学院发布的《2020 长三角城市跨城通勤年度报告》显示，嘉兴与上海的跨城通勤联系仅次于苏州，流入上海市域的通勤规模占总量的 6.1%，自上海市域流出的通勤规模占总量的 16.2%（图 6.2）。

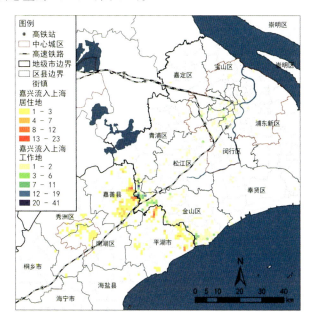

图 6.2
嘉兴各区县流入上海通勤规模

资料来源：同济大学建筑与城市规划学院，《2020 长三角城市跨城通勤年度报告》，2020 年。

① 参见张瑞洁、胡晨琦：《嘉兴的"高铁时代"来了》，《嘉兴日报》2020 年 10 月 26 日。

对于未来的规划发展，2021 年 3 月，嘉兴市自然资源和规划局发布《嘉兴市综合交通规划（2019—2035）》批前公告。根据批前公告，嘉兴要打造"大上海南翼枢纽都市"，未来嘉兴的航空、铁路、公路和水运等交通运输模式均要进行升级。

6.2 沪嘉同城化水平分析

6.2.1 同城化水平总体变化趋势

本部分将结合同城化指数，对沪嘉同城化的发展水平进行定量分析。与沪苏同城化分析相似，本章节重点关注同城化相似性指标的差异。为了便于纵向比较，我们将两座城市的历年数据汇总在一起进行标准化处理。近五年的相似性指标显示，上海和嘉兴在同城化发展上表现出一定的波动（图 6.3）。根据测算，2015 年沪嘉同城化水平的相似性指标得分为 0.52，2016 年有所下降，变为 0.39，2017—2019 年，分别为 0.42、0.42、0.29。经济发展层面，2015—2019 年沪嘉同城化的相似性指标得分分别为 0.59、0.41、0.43、0.40、0.00；基础设施层面，2015—2019 年沪嘉同城化的相似性指标得分分别为 0.73、0.58、0.55、0.60、0.62，指

图 6.3
2015—2019 年沪嘉同城化相似性指标变化趋势

年份	2015	2016	2017	2018	2019
经济发展	0.59	0.41	0.43	0.40	0.00
基础设施	0.73	0.58	0.55	0.6	0.62
社会福利	0.52	0.39	0.29	0.37	0.35
生态环境	0.25	0.19	0.41	0.32	0.21
相似性水平	0.52	0.39	0.42	0.42	0.29

标趋势相对平稳，基本维持在 0.55 以上；社会福利层面，2015—2019 年沪嘉同城化的相似性指标得分分别为 0.52、0.39、0.29、0.37、0.35；生态环境层面，2015—2019 年沪嘉同城化的相似性指标得分分别为 0.25、0.20、0.41、0.32、0.21。可以看到，沪嘉两地在基础设施维度表现出较高的同城化水平，而其他几个方面同城化水平依然存在一定差距。

6.2.2 指标层面的变化趋势

1. 经济发展

近五年，上海与嘉兴在经济发展水平层面的差异在不同维度表现出不同的趋势（图 6.4）。2015—2019 年，沪嘉同城化的人均GDP 差距指标得分分别为 0.70、0.48、0.50、0.54、0.00，2015年为最高，2019 年为最低，经济发展水平存在拉大的问题；沪嘉同城化的产业结构差距指标得分分别为 0.74、0.51、0.57、0.44、0.00，两地的产业结构存在相反的发展趋势；沪嘉同城化的劳动生产率差距指标得分分别为 0.34、0.24、0.22、0.21、0.00。

2015—2019 年，上海人均 GDP 分别为 103 796 元、116 562元、126 634 元、134 982 元、157 279 元；嘉兴人均 GDP 分别

图 6.4
2015—2019 年上海与嘉兴经济发展水平相似度指标比较

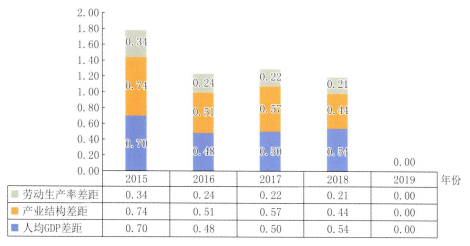

	2015	2016	2017	2018	2019	年份
劳动生产率差距	0.34	0.24	0.22	0.21	0.00	
产业结构差距	0.74	0.51	0.57	0.44	0.00	
人均GDP差距	0.70	0.48	0.50	0.54	0.00	

为 76 850 元、83 968 元、94 510 元、103 858 元、112 751 元（图 6.5）。可以看到，上海人均 GDP 始终高于嘉兴，2015 年，上海人均 GDP 比嘉兴高 26 946 元，2019 年，差距拉大至 44 528 元。近几年的指标变化趋势显示，两地的人均 GDP 差异始终存在，2019 年甚至出现扩大的现象。由于上海和嘉兴要素基础、自然禀赋等方面存在不同，经济差距在短期内无法完全解决，但也应该注意控制在合理水平内。2015—2019 年，上海的三次产业与二次产业结构比值分别为 2.13、2.34、2.27、2.35、2.69；嘉兴的三次产业与二次产业结构比值分别为 0.83、0.85、0.83、0.81、0.81。可以看出两地产业结构具有明显不同的特征。上海的服务业比重正逐步上升，而嘉兴的第三产业始终未超过第二产业，产业结构还没有迈入高级化阶段（图 6.6）。从上海都市圈角度看，不同的产业发展阶段

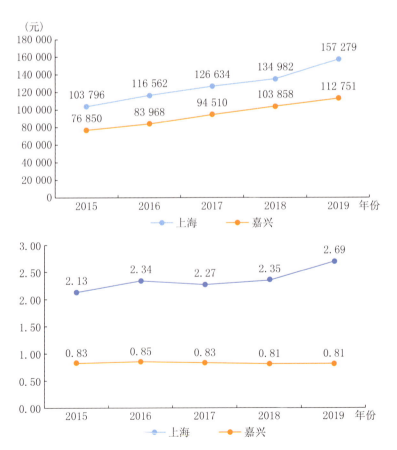

图 6.5
2015—2019 年上海与嘉兴人均 GDP 比较

图 6.6
2015—2019 年上海与嘉兴产业结构比较

（元/人）

277 256

237 558

223 167

206 401

184 526

159 821

145 216

131 765

117 129

106 953

图 6.7
2015—2019 年上海与
嘉兴劳动生产率比较

有利于上海向嘉兴进行非核心功能转移及形成产业错位发展。在劳动生产率指标方面，两地的差距似乎在逐渐扩大（图 6.7）。

2. 基础设施

近五年，上海与嘉兴在基础设施水平层面的差距表现为整体缩小的态势（图 6.8）。2015—2019 年，沪嘉同城化的万人轨道交通长度差距指标得分分别为 0.26、0.26、0.16、0.05、0.00，表明近几年上海和嘉兴在轨道交通建设水平上存在差距拉大的现象，一方面是上海在不断建设城市轨道交通，另一方面，截至 2019 年嘉兴还没有城市轨道交通。沪嘉同城化的公路路网密度差距指标得分分别为 1.00、0.77、0.77、0.85、0.88，两地的公路建设水平

图 6.8
2015—2019 年上海与
嘉兴基础设施水平相似度
指标比较

	2015	2016	2017	2018	2019
互联网普及率差距	0.92	0.72	0.71	0.89	0.97
公路路网密度差距	1.00	0.77	0.77	0.85	0.88
万人轨道交通长度差距	0.26	0.26	0.16	0.05	0.00

差距近几年有所缓解。沪嘉同城化的互联网普及率差距指标得分分别为 0.92、0.72、0.71、0.89、0.97，上海和嘉兴两地的互联网普及率目前保持较高的同城化水平。

2015—2019 年，上海的公路路网密度分别为 2.08 公里 / 平方公里、2.10 公里 / 平方公里、2.10 公里 / 平方公里、2.07 公里 / 平方公里、2.06 公里 / 平方公里；嘉兴的公路路网密度分别为 2.07、1.92 公里 / 平方公里、1.93 公里 / 平方公里、1.95 公里 / 平方公里、1.96 公里 / 平方公里（图 6.9）。2015—2019 年，上海的互联网普及率分别为 0.29 户 / 人、0.26 户 / 人、0.28 户 / 人、0.36 户 / 人、0.37 户 / 人，嘉兴的互联网普及率分别为 0.32 户 / 人、0.36 户 / 人、0.38 户 / 人、0.41 户 / 人、0.39 户 / 人（图 6.10）。上海

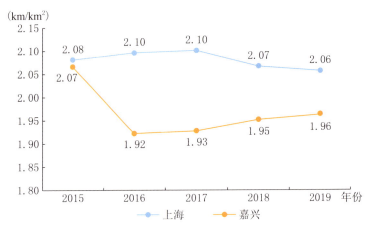

图 6.9
2015—2019 年上海与嘉兴公路路网密度比较

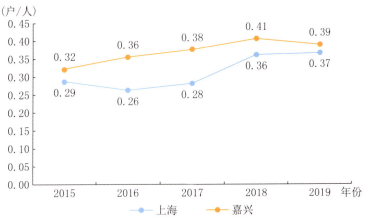

图 6.10
2015—2019 年上海与嘉兴互联网普及率比较

和嘉兴在交通基础设施方面依然存在差距,但互联网普及率同城化水平相对较高。

3. 社会福利

近五年,上海与嘉兴在社会福利水平上的差距具有一定的波动(图6.11)。2015—2019年,沪嘉同城化的人均就业保障支出差距指标得分分别为0.71、0.05、0.00、0.26、0.26,2018年和2019年两地就业保障水平差距相对稳定。2015—2019年,沪嘉同城化的转移支付占财政支出比例差距指标得分分别为0.77、0.54、0.00、0.15、0.09,差距在逐渐扩大。2015—2019年,沪嘉同城化的人均可支配收入差距指标得分分别为0.77、0.70、0.67、0.61、0.56,人均可支配收入存在逐渐扩大的趋势。2015—2019年,沪嘉同城化的人均预期寿命差距指标得分分别为0.36、0.36、0.43、0.46、0.48,两地人均预期寿命差距有逐渐缩小的趋势。2015—2019年,沪嘉同城化的每万人普通高校在校生差距指标得分分别为0.01、0.30、0.37、0.37、0.35,依然存在差距较大的问题。

2015—2019年,上海的人均就业保障支出分别为2 249元、4 087元、4 387元、3 851元、4 117元;嘉兴的人均就业保障支

图6.11
2015—2019年上海与
嘉兴社会福利水平相似度
指标比较

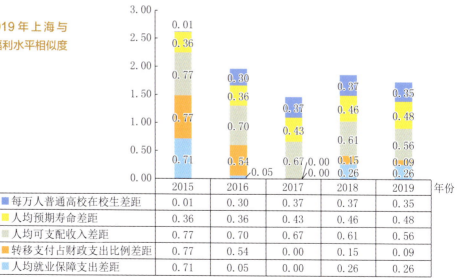

	2015	2016	2017	2018	2019
■ 每万人普通高校在校生差距	0.01	0.30	0.37	0.37	0.35
■ 人均预期寿命差距	0.36	0.36	0.43	0.46	0.48
■ 人均可支配收入差距	0.77	0.70	0.67	0.61	0.56
■ 转移支付占财政支出比例差距	0.77	0.54	0.00	0.15	0.09
■ 人均就业保障支出差距	0.71	0.05	0.00	0.26	0.26

出分别为 604 元、732 元、892 元、1 041 元、1 294 元（图 6.12）。上海的人均就业保障支出呈现出一定的波动，嘉兴的人均就业保障则始终保持增长的态势。2015—2019 年，上海的转移支付占财政支出比重分别为 21.99%、25.8%、35.58%、33.17%、33.28%；嘉兴的转移支付占财政支出比重分别 16.58%、16.29%、16.09%、16.41%、15.39%（图 6.13）。除了 2018 年出现下降，上海的转移支付比重总体呈上升趋势，而嘉兴的转移支付比重基本维持在 15% 以上，但与上海始终存在较大差距，2019 年，上海的转移支付比重是嘉兴的两倍多。2015—2019 年，上海的人均可支配收入分别为 52 962 元、57 692 元、62 596 元、68 034、73 615 元；嘉兴的人均可支配收入分别为 45 499 元、48 926 元、53 057 元、

图 6.12
2015—2019 年上海与嘉兴人均就业保障支出比较

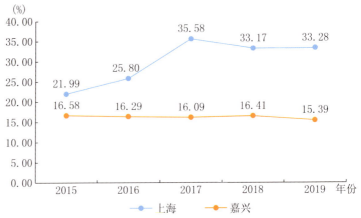

图 6.13
2015—2019 年上海与嘉兴转移支付占财政支出比重比较

图 6.14
2015—2019 年上海与
嘉兴人均可支配收入比较

图 6.15
2015—2019 年上海与
嘉兴人均预期寿命比较

图 6.16
2015—2019 年上海与
嘉兴每万人普通高校在校
生比较

57 437 元、61 940 元（图 6.14）。上海的人均收入始终高于嘉兴，两地的人均收入基本保持相同的上升趋势，但差距也并未得到缓解。2015—2019 年，上海的人均预期寿命分别为 82.75 岁、83.13 岁、83.37 岁、83.63 岁、83.66 岁；嘉兴的人均预期寿命分别为 81.35 岁、81.73 岁、82.10 岁、82.43 岁、82.49 岁（图 6.15）。 与人均可支配收入指标相似，上海与嘉兴两地的人均预期寿命也基本保持相对一致的增长趋势。2015—2019 年，上海的每万人普通高校在校生分别为 212 人、213 人、213 人、214 人、217 人；嘉兴的每万人普通高校在校生分别为 115 人、142 人、149 人、150 人、151 人（图 6.16）。虽然嘉兴每万人普通高校在校生数量近年来始终保持增长，但尚未超过 200 人，与上海相比仍然存在较大差距。

4. 生态环境

近五年，上海与嘉兴在生态环境的不同维度表现出不同特点（图 6.17）。2015—2019 年，沪嘉同城化的单位 GDP 耗电量差距指标得分分别为 0.04、0.00、0.04、0.06、0.06，两地的能耗水平差距较大。2015—2019 年，沪嘉同城化的人均公园绿地面积差距指标得分分别为 0.35、0.31、0.21、0.11、0.00，显示上海和嘉兴在城市绿化建设上的差距逐渐扩大。2015—2019 年，沪嘉同城化的节能环保占财政支出比重差距指标得分分别为 0.36、0.28、1.00、0.79、0.58。

图 6.17
2015—2019 年上海与嘉兴生态环境水平相似度指标比较

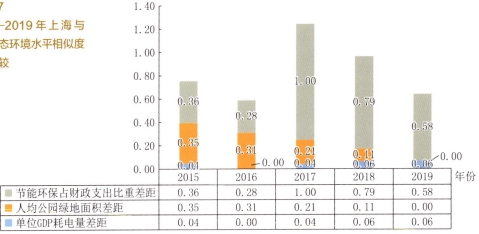

	2015	2016	2017	2018	2019
节能环保占财政支出比重差距	0.36	0.28	1.00	0.79	0.58
人均公园绿地面积差距	0.35	0.31	0.21	0.11	0.00
单位GDP耗电量差距	0.04	0.00	0.04	0.06	0.06

2015—2019年，上海的单位GDP耗电量分别为571.45千瓦时/万元、542.28千瓦时/万元、498.41千瓦时/万元、479.40千瓦时/万元、411.10千瓦时/万元；嘉兴的单位GDP耗电量分别为1 175.03千瓦时/万元、1 173.19千瓦时/万元、1 104.81千瓦时/万元、1 071.56千瓦时/万元、1 001.91千瓦时/万元（图6.18）。由于嘉兴第二产业相对发达，生产能耗问题相比上海显得较为严峻。2015—2019年，上海的人均公园绿地面积分别为7.62平方米/人、7.83平方米/人、8.19平方米/人、8.49平方米/人、8.82平方米/人；嘉兴的人均公园绿地面积分别为2.50平方米/人、2.60平方米/人、2.68平方米/人、2.71平方米/人、2.75平方米/人（图6.19）。上海与嘉兴在绿化建设水平上均表

图6.18
2015—2019年上海与嘉兴单位GDP耗电量比较

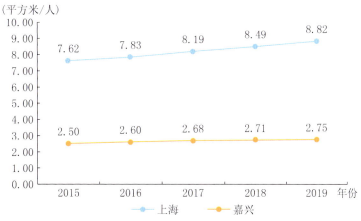

图6.19
2015—2019年上海与嘉兴人均公园绿地面积比较

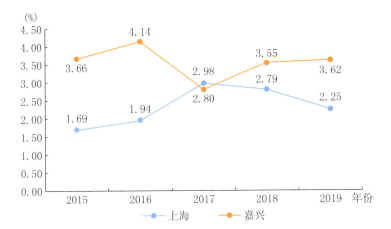

图 6.20
2015—2019 年上海与
嘉兴节能环保占财政支出
比重比较

现出上升的趋势，但上海的增速明显快于嘉兴。2015—2019 年，上海的节能环保占财政支出比重分别为 1.69%、1.94%、2.98%、2.79%、2.25%；嘉兴的节能环保占财政支出比重分别为 3.66%、4.14%、2.80%、3.55%、3.62 %（图 6.20）。2017 年以来，两地的节能环保支出比重差距逐渐拉大。

6.2.3　沪嘉同城化的指标贡献度

　　无论是经济发展、基础设施、社会福利还是生态环境，都是沪嘉同城化的重要内容，接下来我们将通过梳理各个指标对沪嘉同城化的贡献来分析推动沪嘉同城化进程的原因（表 6.1）。

1. 经济发展

　　2015 年沪嘉同城化的人均 GDP 差距指标的贡献率为 8.6%，2016 年有所下降，贡献率为 3.5%，2017 年和 2018 年逐渐回升，但 2019 年又下降到 2.6%。2015 年，产业结构差距指标的贡献率为 2.6%，2016 年上升到 2.9%，但 2017 年出现下降，2018 年和 2019 年逐步回升，2019 年为 3%。劳动生产率差距指标的贡献率存在波动，由 2015 年的 2.7% 上升到 2019 年的 3.2%。

2. 基础设施

　　2015—2019 年，沪嘉同城化的万人轨道交通长度差距指标的贡献率分别为 4.6%、5.5%、3.8%、4.7%、5%。公路路网密度差距指标的贡献率由 2015 年的 34.7% 降至 2019 年的 26.3%，影响着基础设施的同城化水平。互联网普及率差距指标的贡献率则一直保持上升趋势，2015 年互联网普及率差距的指标贡献率为 14.0%，2019 年上升至 31.5%，对沪嘉同城化水平具有重要贡献。可以看到，轨道交通和公路建设对两地同城化水平的贡献度较低，而互联网具有较高的正向影响。基础设施层面对沪嘉同城化具有重要影响。

3. 社会福利

社会福利水平对沪嘉同城化的贡献率基本保持较高水平。沪苏同城化的人均就业保障支出差距指标的贡献率由 2015 年的 1.6% 波荡下降到 2019 年的 1.5%。2015 年，转移支付占财政支出比例差距指标的贡献率为 4.4%，此后出现波动，2018 年达到 14.1%，但 2019 年出现明显下降，降至 5.9%。2015 年，人均可

表 6.1
2015—2019 年沪嘉同城化的相似性层面指标贡献率（%）

	指　标　层	2015	2016	2017	2018	2019
经济发展水平差异	人均 GDP 差距	8.6	3.5	5.2	8.1	2.6
	产业结构（三产比二产）差距	2.6	2.9	2.0	2.3	3.0
	劳动生产率差距	2.7	3.5	2.1	2.5	3.2
基础设施水平差异	万人轨道交通长度差距	4.6	5.5	3.8	4.7	5.0
	公路路网密度差距	34.7	36.1	22.4	26.2	26.3
	互联网普及率差距	14.0	14.2	17.7	18.5	31.5
社会福利水平差异	人均就业保障支出差距	1.6	1.9	1.2	1.4	1.5
	转移支付占财政支出比例差距	4.4	5.4	2.0	14.1	5.9
	人均可支配收入差距	7.2	8.4	5.9	7.3	7.5
	人均预期寿命差距	3.7	5.6	3.0	2.4	2.1
	每万人普通高校在校生差距	2.8	4.0	3.6	4.0	2.8
生态环境水平差异	单位 GDP 耗电量差距	2.9	3.4	2.5	3.0	3.3
	人均公园绿地面积差距	2.4	2.7	1.9	2.3	2.5
	节能环保占财政支出比重差距	7.8	2.8	26.7	3.1	2.8

支配收入差距指标的贡献率为 7.2%，此后年份出现上下波动，至 2019 年时为 7.5%。2015 年，人均预期寿命差距指标的贡献率为 3.7%，2016 年出现上升，此后逐渐下降，2019 年为 2.1%。每万人普通高校在校生差距指标贡献率由 2015 年的 2.8% 上升至 2016 年的 4.0%，2017 年出现下降，2018 年再度为 4.0%，2019 年回落至 2.8%。

4. 生态环境

生态环境水平层面的各指标贡献率整体表现出较低水平。单位 GDP 耗电量差距指标的贡献率由 2015 年的 2.9% 波动上升至 2019 年的 3.3%。2015 年，人均公园绿地面积差距指标的贡献率为 2.4%，2019 年为 2.5%。节能环保占财政支出比重差距指标的贡献率由 2015 年的 7.8% 下降到 2019 年的 2.8%，尽管生态环境层面各指标贡献率在 2015—2019 年均有所波动，但总体来看，生态环境水平的差异发展对沪嘉同城化的发展贡献度较低。

6.3 沪嘉同城化的困难及展望

6.3.1 沪嘉同城化面临的困难

1. 整体水平有待加强，生态环境联治联保需重点关注

从同城化指数分析结果可以看到，上海和嘉兴的同城化还处于较低水平。从影响同城化相似性的四个方面看，2019 年，生态环境和经济发展方面的同城化水平最低，而基础设施方面的同城化水平相对较高。虽然上海与嘉兴在生态环境联治联保方面做了一些工作，如 2019 年，上海青浦、浙江嘉善和江苏吴江三地的水务（水利）局签署了《党建引领长三角生态绿色一体化发展示范区协同治水协议》，力图拓展党建引领协同治水新思路。[①] 但从同城化水平看，还需进一步加大加深合作范围和力度，同时

---

① 参见俞佩忠：《长三角生态绿色一体化发展示范区协同治水启动》，《嘉兴日报》2019 年 11 月 2 日。

健全生态补偿等方面的合作机制。此外，经济发展同城化水平同样亟须提高，这就要求嘉兴在降低能耗的同时提高经济发展效率。

"我们和上海、江苏的土地是交融相错的，河道共用、河面共同治理。"在太浦河防洪堤岸的一边，浙江嘉兴西塘镇钟葫村党总支书记王建强，指着一面白墙上的"嘉善县太浦河长白荡饮用水水源保护区划分示意图"向新民晚报记者介绍。在他的身后，太浦河在阳光的照耀下波光粼粼，对岸就是上海大观园。钟葫村，位于西塘东北首，东临上海，西临江苏，北临太浦河，2000年4月合并原钟葫村、钱家甸而组建的新行政村，是嘉兴唯一地处苏浙沪两省一市交界的村子。这样特殊的地理位置，在长三角生态绿色一体化发展示范区里该如何发展，是王建强一直在思考的。

"浙江地界和上海地界的绿化明显不一样。"走在太浦河防洪堤岸的道路上，他感慨道。记者看到，在防洪堤岸浙江段，两旁的树木是稀疏低矮的，当走到上海段时，两旁的树木马上变得茂密起来，品种也更加丰富，有香樟树、桃树、梨树等。"上海的绿化意识比我们强，他们十年前就在搞生态环境绿化建设了。现在我们也在搞。我们在示范区，又是二级水源保护区，接下去会加大绿化建设。"

垃圾分类和农村环境卫生整治，是钟葫村当前最迫切需要做的工作，王建强说："我们正在酝酿一系列政策，推动生活垃圾源头分类：比如村里做了奖励措施，按评分给村民发放奖励，逐步培养老百姓垃圾分类的意识。"

农村环境卫生整治方面，包括河道保洁、房前屋后整治、道路整治、田间整治等一系列工作，钟葫村也正在积极推进。"以前河面整治往往互相推诿。长三角一体化有了河长制后，轮到谁巡河就是谁打捞，河道整治方面成效最明显。"

"钟葫村和上海、江苏是通婚的。江苏伟明村的妇女主任是我们钟葫村人。我们这边以前嫁到上海去的比较多，那时上海生活条件比较好，这几年少了。村里建成纽扣园区，有了第三产业。"

以前，王建强和江苏接触较多，因为他的外婆家就在江苏。"想不到，长三角一体化后我们被划到一个圈里了，可以讲是一家人了。组织上给我们创造的机会也多起来，比如卫生整治政策方面、老百姓的福利方面、医疗保险方面等等。有什么好的经验，大家会经常交流。以前是以朋友的身份认识，现在更深层次地交流工作了。"

"我们现在更迫切地希望把家园建设好，建成一个样板区。老百姓期盼更美好的生活，期待细节方面早日落实。"王建强说，"眼下我们要去上海，两种出行方式都要绕路，一种是绕道江苏伟明村，另一种是绕道姚庄银水庙村，希望以后交通能更方便，医疗、养老方面更协同。"

资料来源：屠瑜，《钟葫村：嘉兴唯一地处苏浙沪交界的村庄"一体化"带来了发展机会》，《新民晚报》2020 年 1 月 10 日。

2. 能源利用效率亟待提高，产业结构有待协调

从同城化的细分层面看，沪嘉产业结构、单位 GDP 耗电量差距较大。一方面，上海产业结构较为高级，服务业发达，主要依靠科技创新推动经济增长，单位 GDP 耗电量相对较小。另一方面，嘉兴作为工业城市，第二产业较为发达，通常来说，工业单位能耗相比其他行业大得多。2021 年，嘉兴市发展改革委、市经信局印发《嘉兴市制造业高质量发展"十四五"规划》，该规划指出，嘉兴的传统产业和高耗能行业占比仍然较高，劳动密集型特征明显，全市八大高耗能行业增加值占规模以上工业比重达到 43.0%。产业发展阶段的不同导致沪嘉单位能耗差距较大，影响了沪嘉同城化水平，为产业协调统筹带来一定难度。此外，过高的单位能耗既不利于产业绿色发展，也与节能降耗的目标相违背。

3. 轨道交通有待完善，相关体制机制仍需要健全

截至 2019 年，嘉兴还没有城市轨道交通，上海的城轨交通运营路线已达 809.9 公里，轨道交通的差距拉低了沪嘉同城化水平。此外，沪嘉城际轨道项目目前面临上位规划依据缺乏、建设运营机制尚未建立等问题。尽管嘉兴具有较强的接轨、融入上海的意

愿，但存在省市纵向协调不够顺畅、沪嘉横向联系不够紧密的问题。从纵向看，一方面，省级层面协调推进机制及省市联席会议制度尚未建立，嘉兴在接轨上海过程中的重点难点事项无法得到及时解决，阻碍了沪嘉同城化的进度。另一方面，省、市接轨上海工作职能部门不对应（省级职能部门为省发展改革委，嘉兴市为市合作交流办），降低了沪嘉同城化的工作执行效率。从横向看，与苏州相似，嘉兴与上海也存在层级不对等的问题，嘉兴与上海的发展存在一定差距，因而会出现部分县（市、区）和市级有关部门在对沪交流上存在畏难情绪。同时，上海生活成本较高，但驻沪机构工作人员生活补助相对较低等问题，影响信息沟通和资源拓展，难以做到"走得上门、说得了话、办得成事"。

6.3.2 沪嘉同城化的展望

1. 以生态友好为指导，优化沪嘉同城化的资源配置

沪嘉经济产业同城化的构建必然是生态友好型的。如 2020 年《长江三角洲区域一体化发展规划纲要》江苏实施方案同样指出的，"打造生态友好型一体化发展样板。以上海青浦、江苏吴江、浙江嘉善为长三角生态绿色一体化发展示范区"，"引领长三角地区更高质量一体化发展"。2021 年 2 月，国家发展改革委办公厅、生态环境部办公厅联合公布了国家第二批环境污染第三方治理园区名单，全国共有 46 家园区榜上有名，浙江仅有两家入选，嘉兴港区名列其中。[①]

嘉兴作为工业城市，虽然短期内无法实现产业转型升级，但可以从降低能耗出发，优先发展科技先导型与资源节约型产业，降低污染，逐步淘汰高能耗产业。《嘉兴市制造业高质量发展"十四五"规划》指出，要坚持绿色发展。坚持把"绿水青山就是金山银山"作为推动制造业高质量发展的指引，全力推动建设长

[①] 参见徐佩、祝怡歆：《嘉兴港区生态环境治理再添亮点》，《嘉兴日报》2021 年 2 月 19 日。

三角生态绿色一体化发展示范区，加快发展绿色能源、低碳产业，构建生态友好型绿色制造体系。坚持节水优先，将节水措施植入制造业生产及发展中，提高水资源集约节约高效利用，合理利用水资源，为制造业高质量发展增添保障。

专栏 6.6　嘉兴港区的生态环境治理

据介绍，嘉兴港区根据自身资源环境承载力，制定了"高质量发展、高水平保护、高标准治理"的生态环境保护规划，在水、大气、固废等多种要素协同治理、智慧监管、风险预警等领域先行先试，促成了嘉兴港区在新时代生态环境保护工作和生态文明建设上干在实处、走在前列、勇立潮头，尤其是在创新探索环境污染第三方治理方面取得了可圈可点的成效。

在大气污染防治方面，嘉兴港区"无异味企业"创建作为浙江省"打赢蓝天保卫战"治气典型案例，是借助第三方参与的重要实践——"无异味企业"创建共涉及 43 家企业，异味问题 165 个，整改措施 171 条，总投资约 2.474 亿元。

在园区智慧监管方面，嘉兴港区成为全国唯一的政府主导型智慧化工园区试点示范单位。智慧化工园区共分为智慧安防、智慧环保、智慧能源、智慧物流、智慧地理信息五大子系统，"一网"可实现园区运行状态立体监测，"一云"全面汇集共享园区公共信息资源，实现了园区"基础设施智能化、园区管理精细化、生产管理信息化、物流运输一体化、产业发展现代化"。

在园区协同治理方面，2015 年，嘉兴港区引入第三方现场监理公司开展企业现场检查等"管家式服务"，利用第三方单位的专业技术特长，督促辖区重污染高风险行业企业依法履行污染防治法定责任，提高企业污染物减排和风险防范能力，增强政府部门执法效率，缓解嘉兴港区管委会监管力量与面临的环保工作任务严重不匹配的难题。

在园区污染防治方面，嘉兴港区通过合资方式成立了嘉兴港区工业污水处理有限公司、浙江航天恒嘉数据科技有限公司和浙江和惠污泥处置有限公司等环境污染第三方治理企业，是嘉兴港区环境保护的重要载体，通过其契约化的业务模式和合理的收费机制为嘉兴港区企业提供服务，有效提升了嘉兴港区污染防治水平。

资料来源：徐佩、祝怡歆：《嘉兴港区生态环境治理再添亮点》，《嘉兴日报》2021年 2 月 19 日。

2. 以产业协同为抓手，放大沪嘉同城化效应

嘉兴产业结构特点表现在第二产业比重相对较高，生产性服务业支撑不足，但与上海的产业结构特点刚好形成互补发展态势。沪嘉同城化的核心在于产业协同，嘉兴目前尝试在高端产业方面与上海协同创新。

2018年，长三角主要领导座谈会在沪召开，会议以"聚焦高质量，聚力一体化"为主题，提出要"加快推进G60科创走廊建设，研究共建产业合作示范区"等。这次座谈会为嘉兴市建设全面接轨上海示范区、打造高端产业协同发展地提供了重要契机。

《嘉兴市制造业高质量发展"十四五"规划》提出，"十四五"时期，嘉兴将重点发展十大产业领域，构建形成"352"现代化产业体系，即新能源、新材料及高端装备三大支柱产业，集成电路、人工智能、航空航天、新一代网络通信及生命健康五大新兴产业，时尚智造、汽车质造两大优势产业。对于"352"产业，规划多处提到要与上海研发机构或者高校合作，或通过利益共享机制将部分研发成果转至嘉兴，或联合打造研究中心与创新中心，或将高端人才引入嘉兴，促进区域产业链协同创新。

3. 以轨道交通为抓手，提高沪嘉同城化连通性

城市轨道交通发展的较大差距制约了沪嘉同城化的速度，随着嘉兴城市轨道体系以及沪嘉城轨对接的逐步推进，沪嘉同城化的交通网路连通性将大大提高。

2019年12月，浙江省发展改革委批复通过《嘉兴市有轨电车近期建设规划（2019—2023）》，根据《嘉兴市有轨电车近期建设规划（2019—2023）》，嘉兴市有轨电车2023年线网由3条线组成，总长度35.7公里；远景年线网由7条线路组成，总长度98公里。

2020年，嘉兴—上海城际轨道交通对接规划招标，预示着距离沪嘉城际铁路开工又迈近一步。2021年3月，嘉兴市自然资源和规划局发布《嘉兴市综合交通规划（2019—2035）》批前公告。根据批前公告，嘉兴要构建"高速铁路—城际铁路—城际／市域轨

道—有轨电车"多层次、一体化轨道体系。

4. 以专项行动为载体，完善沪嘉同城化机制体制

嘉兴接轨上海有关任务虽然推进顺利，但是缺少统筹协调和系统研究，尚未充分发挥作用和实效。两地可以通过实施专项行动方案为沪嘉同城化实现锻长板、补短板。此外，争取省级层面建立接轨上海的协调推进工作机制，定期召开全面接轨上海示范区建设省市联席会议，研究解决需省里协调支持的重大事项。沪嘉干部挂职已成为当前常态化的工作，两地应用足用好挂职资源，把挂职锻炼作为联络两地关系的重要手段。

7

沪通同城化

在中国的经济地理版图中，位于沿海、沿江经济带"T"字形交汇点的城市只有两个：长江口南岸的上海和北岸的南通。作为"近代第一城"的南通与上海在历史、地缘及人缘领域渊源长久。在建设上海"北大门"的目标引导下，南通与上海的发展紧密关联。

In China's economic and geographical map, only two cities are located at the "T" intersection of coastal and riverside economic zones: Shanghai on the south bank of the Yangtze River and Nantong on the north bank. As the "first city in modern times," Nantong has a long history, geopolitical and human connection with Shanghai. Guided by the goal of building the "northern gate" of Shanghai, Nantong is closely related to the development of Shanghai.

7.1 沪通同城化的历史基础及现实条件

7.1.1 空间关系

　　南通，位于中国东部海岸线与长江交汇处、长江入海口北翼，与上海市隔江相望，为江苏唯一同时拥有沿江沿海深水岸线的城市。全市陆域面积 8 001 平方公里，海域面积 8 701 平方公里，集"黄金水道"与"黄金海岸"优势于一身，拥有长江岸线 226 公里。[①]从空间上看，上海虹桥枢纽到南通的直线距离约 100 公里。值得注意的是，在上海崇明区，还有南通的两块"飞地"——海门海永镇与启东启隆镇，在《上海市崇明区总体规划暨土地利用总体规划（2016—2040）》中，这两块飞地已然被纳入崇明岛的土地规划中。由此可见，上海与南通在地理上已经形成密不可分的联系（图 7.1）。经过近 30 年的发展，上海与南通的空间、经济联系更加紧密。

图 7.1
上海都市圈中上海和南通
位置示意图

资料来源：课题组绘制。

---

①　参见南通市人民政府官网：http://www.nantong.gov.cn/ntsrmzf/sq/sq.html。

　　打开长江入海口处崇明岛的行政版图，有两块狭长的江苏地盘与这座上海岛屿的北沿接壤。那就是启东市的启隆乡和海门市的海永乡。

　　崇明、启隆、海永，这三处隶属不同行政区域的板块，是如何无缝对接、演绎和谐发展的精彩篇章的呢？走马崇明岛，只见地广人稀工厂少，空气中飘着清新的芳香。就在记者对崇明岛的生态保护连声叫好时，启隆和海永两乡镇的负责人告诉记者，他们早些年也曾走过弯路。受 GDP 崇拜的影响，启隆和海永一度将振兴经济的重点锁定在发展工业上，但因特殊的地理位置，岛上办厂的成本远比陆地高出许多，招商引资难度大。于是，地条钢、小五金、小化工等其他地方不要的污染项目纷纷涌进了启隆和海永。那时，江苏"飞地"成了崇明岛上污染最严重的垃圾工业集中区。产品技术含量低，项目污染严重，老百姓意见很大，没几年功夫，这些工厂就陆续关掉了。当地人说："靠发展工业不但没有得到什么好处，反而伤害了环境，教训惨痛。"

　　2004 年崇明岛总体规划出台，重点发展以会展业、总部经济和商务旅游为主的现代服务业，并把启隆和海永两乡划入五大功能区之一的崇北分区，定位为"生态农业和战略储备区"。这一规划，给江苏"飞地"点亮了一盏明灯。启隆、海永两乡积极策应和主动对接崇明规划辐射，坚守绿色发展底线，关停了投资大、污染也大的奶牛场和效益不错的电镀厂，把引进生态农业、休闲旅游、地产开发等绿色产业项目作为发展经济的优先选项。

　　启隆乡有近 6 万亩土地，3 000 多居民，人少地多。由上海城市规划设计研究院担纲设计的《启隆乡 2008—2025 年总体规划》给出的定位是："与崇明接壤的国际化、生态型绿色产业基地，长三角地区独特的原生态观光旅游基地。"规划既出，这里便成为多方看好的"潜力股"：上海鹏欣集团首期投资 3 000 多万元建设 500 亩特色农业项目；台湾永和隆投资 6 亿元建设占地 500 亩的商住楼、高级会所项目；上海姚记集团投资 10 多亿元建设法式庄园项目；等等。

　　海永是弹丸之地，面积 8 平方公里，人口不足 5 000，曾是海门最穷的地方。在对接崇明规划中海永发生了翻天覆地的变化，生态旅游、观光农业、房地产市场已在岛上占据一席之地。资料显示，海门连续四年引进的大型农业项目均花落海永，几年来累计引进涉农资本 2 亿多元；房地产更是如日中天，在崇明房地产市场中"四分天下有其一"。曾经"江苏最小、海门最穷"的小乡，如今财税收入、注册外资、实际到账外资等主要经济指标，已大步赶超陆上多个大镇，冲至海门一线乡镇行列，人均收入也跻身海门前三甲。

为了让对接互动形成持续发展动力，江苏"飞地"在发展思路上不断寻求新突破。例如，海永乡联合海门镇和崇明县新海镇共同举办"+1"发展合作论坛，三方达成合作共识，建立新的合作机制。工业项目往海门镇推荐，休闲、旅游等符合崇明岛总体发展规划的项目就推荐到新海或海永落户，通过优势互补，促进共同发展。

资料来源：丁亚鹏，《看南通"飞地"如何接轨上海》，《新华日报》2010 年 4 月 12 日。

7.1.2　经济产业

南通与上海的经济往来历史悠久。1895 年，近代民族资本企业家张謇创设纱厂，从上海进口纺纱机，集资商股，招聘技术人员，紧紧依托上海发展实业，拉开了通商在沪发展的序幕。改革开放后，上海更是南通企业家最早抵达的"目的地"之一。相关统计显示，改革开放以来，上海 15% 的超高层建筑出自南通"铁军"之手，南通 30% 的高层次人才、40% 的创投风投机构从上海引进，50% 以上的企业与上海合作。[①] 近年来，南通一直坚持探索接轨上海、融入上海。2003 年，南通市委、市政府印发的《南通市接轨上海工作纲要》第一次明确提出"融入苏南、接轨上海、走向世界、全面小康"的总体思路。2017 年，《南通建设上海大都市北翼门户城市总体方案》以"空间同构，产业互补"为基本原则之一，结合南通本身的传统产业发展，提出了"3 + 3 + N"的产业发展协同化目标，以期更好地与上海进行产业分工。2019 年，

[①]　参见《立足"厚道通商，海达天下"，上海市南通商会启航》，《南通日报》，http://www.nantong.gov.cn/ntsrmzf/ntxw/content/f060378e-682a-45c5-9f0c-06688df9bac2.html。

在上海举行"长三角大数据一体化发展论坛"期间，上海市经信委、江苏省工信厅和南通市政府三方共同签署了《沪苏（通）大数据基础设施和产业发展战略合作协议》。该协议的主要目的是促进沪通两地的大数据产业协同。

从三次产业结构看，《2020年上海市国民经济和社会发展统计公报》数据显示，2020年，上海第三产业增加值为28 307.54亿元，占地区生产总值的比重达到了73.1%。产业迭代升级，服务业已经成为上海经济的第一大产业。《2020年南通市国民经济和社会发展统计公报》数据显示，2020年，南通第二产业增加值为4 765.8亿元，第三产业增加值为4 811.8亿元，三次产业比为4.6∶47.5∶47.9。第二产业与第三产业比重相当，表明南通第三产业还有壮大的潜力，产业结构还有进一步升级的空间。从工业发展情况看，《2020年南通市国民经济和社会发展统计公报》数据显示，2020年，南通工业领域战略性新兴产业拓展覆盖至27个行业大类，发展迅速，战略性新兴产业的产值占规模以上工业总产值比重达35.6%，装备制造业、高技术制造业的表现尤为突出，产值和增速分别高于全部规模以上工业10.9和7.9个百分点。战略性新兴产业的发展是城市产业结构升级的重要推动力，南通大力发展战略新兴产业和高技术制造业，有利于与上海进行更好的产业分工协作，优势互补。

南通与嘉兴目前第二产业所占比重都相对较高，产业结构还没有实现高级化。在两个城市对接上海的行动中，南通在产业对接层面提到："'3+3+N'先进制造业体系；现代物流、金融、信息、软件和服务外包、文化旅游等现代服务业；都市农业；建筑业；省级以上园区对接"；嘉兴在产业对接层面则提到："对沪招商、国企国资合作；高端装备、智能制造、现代物流、文化旅游、科技与信息、金融业、健康服务业，都市生态农业等；重点园区合作"（表7.1）。可以看到，南通与嘉兴两个城市都提出要对接上海，但对接面既有相似之处又有不同之处。未来上海都市圈发展需要南通与嘉兴发挥各自的优势，同时避免重复建设和过度竞争。

表 7.1
南通与嘉兴对接上海主要行动对比

	南　通	嘉　兴
目标定位	集"生态屏障、产业腹地、创新之都、文化名城"为一体的上海"北大门"	浙江省全面接轨上海示范区
总体行动	"三港三城三基地"	"1233"
功能定位对接	承接上海非核心功能疏解	承接上海非核心功能疏解
交通基础设施对接	公路网、铁路网、江海组合港、航空港	轨道交通、航空航道、公路公交
产业对接	"3+3+N"先进制造业体系；现代物流、金融、信息、软件和服务外包、文化旅游等现代服务业；都市农业；建筑业；省级以上园区对接	对沪招商、国企国资合作；高端装备、智能制造、现代物流、文化旅游、科技与信息、金融业、健康服务业，都市生态农业等；重点园区合作
人才科技对接	科创合作平台、科技企业合作、高层次人才	人才科技平台建设、高层次人才引进、干部人才挂职培训
公共服务对接	教育、医疗、文化交流	医保双向；文化、医疗、体育等社会事业；异地养老
生态环境对接	沿江生态走廊、长江口生态保护战略协同区、生态环境共保共治	环境污染隐患排查，整治违法排污企业

资料来源：南通市人民政府官网，《南通对接上海行动的优势分析》，http://www.nantong.gov.cn/ntsrmzf/tjfx/content/16a0cd99-e057-4fb3-9739-51495f3a2cb8.html。

专栏 7.2　沪通合作破冰记

2008 年 1 月，启东市人民政府和上海外高桥保税区开发主体——上海外高桥（集团）有限公司签订战略合作协议，商定共同开发建设上海外高桥集团（启东）产业园。坐落在启东滨海工业园内的这个"园中园"，总规划面积约 5.33 平方公里，合 8 000 亩。

合作最初源于外高桥集团的想法。近年来，外高桥保税区一些生产制造类企业选择了迁走，比如早期入驻外高桥的 JVC 和先锋等装配类企业已迁出了保税区。这种现象给在原本领先的外高桥保税区敲响了警钟。

10 平方公里的园区内面积有限，随着开发率的不断提高，土地资源瓶颈、环境承载力、劳动力成本等矛盾越来越突出。另外，外高桥保税区内的许多企业，特别是以 IT 类龙头企业 HP、IBM、INTEL、联想和几家汽车零部件生产厂商为代表的一批进入综合制造中心转型阶段的企业，越来越需要在区外寻找生产、物流等配套基地。

随着生产类企业迁走，如不及时采取措施，总部、研发、采购、设计、物流、营销等产业链高端也可能随之转移。"与其让企业迁走，不如我们先走出去，寻找合适的地方为企业提供服务。"一些企业虽暂时没有外迁打算，但经过这些年的发展，其中一部分高能耗、资源型、劳动密集型企业已不符合上海产业发展的方向。

从有这个想法，到报批上海市国资委等相关部门，并请上海市发改委等相关部门做理论政策研究，花费了好几年时间。而开发区异地拓展能否成功，很大程度上取决于合作模式和管理模式能否保证双方的利益。在对外地的投资中，如何能与当地共享GDP和税收，达到互相满意、互相提升的结果，才是合作的困难之处。

外高桥集团（启东）产业园有限公司于2008年4月注册，总注册资金3.2亿元，首期注册资金3 220万元。其中，上海外高桥保税区联合发展有限公司出资60%计1 932万元，江苏滨海工业园开发有限公司出资40%计1 288万元。待取得二期土地使用权后，根据战略合作协议，公司将把注册资金进一步增加。

对于一个县级市启东来说，一下子拿出这么多资金也是比较犹豫的。已有的异地合作模式多是政府以土地折价入股，但外高桥坚持联合出资购买土地。一方面两地国企合作，按国家土地政策规范操作；另一方面风险共担，利益共享。"合资按60%、40%成立的，赚钱是这个比例，风险也是这个比例。所有按这个比例共享。"这样的合作模式也比较创新，把实质利益捆绑在一起，不像以前的合作园区非常松散。这也被认为是合作的成功之处。"当时一亩土地在浦东至少要100万元，而启东不到10万元。廉价的土地在长江隧桥、崇启大桥通车后将有增值空间与交通优势。"

启东方面则看重外高桥集团的品牌优势与管理经验。外高桥带来全新的国际化、集约化理念，品牌优势，以及政企分开的管委会与开发公司的模式，社会服务系统都给启东方面很大帮助与启发。"外高桥在海外知名度高，我们在日本开招商会，一下子也把启东推了出去。"同时，这个模式为启东的招商、稳商提供了很好的平台。

资料来源：郭斐，《沪通合作破冰记》，《中国经营报》2010年1月18日。

7.1.3 历史文化

1. 历史沿革

从历史上看，上海的大部分地区都是由江苏分离出来的，上海和南通两地的行政区划也曾有过交集。崇明早期自设场（1222年）至立州（1277年）共55年，隶属通州海门县。崇明州时期（1277—1369年），与通州同隶扬州路。自1369年由州降为县至2016年撤县设区的640余年中，崇明先隶扬州路（1369—1375年），后隶苏州府（1375—1497年），又隶太仓州（1497—1912年）。民国初期，崇明与海门、太仓等12县同隶沪海道，抗战前、后分别隶属南通、松江（杨伟，2018）。中华人民共和国成立后，1949年10月，南通专区隶属苏北行政公署，下辖如东、南通、海门、启东、崇明五县和南通市。1950年1月，海安、如皋二县由苏北泰州行政区划归南通行政区；5月，南通市改为苏北行政公署直辖市。1953年1月，重建江苏省，南通市改为省辖市，同时建有南通区（后改为"专区""地区"）。其中，"市"管城区、郊区，"区"管各县。1958年11月，崇明县划归上海市。1983年3月，南通地区行政公署撤销，原行署所辖六县统一由南通市领导，实行市管县体制。1989年后，启东、如皋、南通、海门先后撤县设市，南通县改称通州市。2009年4月，通州撤市设区。2018年6月，海安撤县设市。2020年7月3日，崇川区、港闸区合并，设新的崇川区；海门撤市设区。[1]

2. 人文联系

6500年前，南通开始成陆，新石器时代青墩遗址是江淮东部原始文化的重要代表，江淮文化与吴越文化在南通相互交融，有"蓝印花布""沈绣""梅庵琴派"等一批地域特色文化标志。进一步从语系分布角度看，南通地区处于吴语系和江淮语系交汇处。启东、海门及如东、海安少数临海地区讲吴语系启海话；如皋与如东、海安

---

[1] 参见南通市人民政府官网：http://www.nantong.gov.cn/ntsrmzf/sq/sq.html。

大部分地区讲江淮语系如海话；崇川、港闸和通州兴仁、石港、刘桥、平潮等地区讲江淮语系南通话；通州二甲、余西等地区讲通东话，其声、韵、调系统与吴语大相径庭，带有某些南通话特征。[①]

南通与上海隔江相望，在文化上存在许多相似之处，也相互影响。清朝海外文化的进入，使得南通出现了大量教堂，舞台、戏剧、饮食等方面的"海纳百川、兼容并蓄"，与上海的海派文化颇具共性。南通的居民大量来自吴越地区，也深受上海影响。清末民初，民营企业家张謇掀开了南通与上海直通商阜的序幕，正形成海派特色的上海文化随之传播到南通。与苏州一样，大量的南通移民也去上海谋求发展，共同创造了上海的海派文化。与此同时，工商界人士与上海生意往来，知识分子到上海寻求发展，更有大批民众在上海从事服务行业的工作。他们把上海的生活习惯与理念逐步带回到了南通，影响着南通人的生活方式。20世纪60年代，一批上海知青落户到南通，进一步地促进了上海文化地传播（丰坤武，2010）。时至今日，在上海随处可见南通人、南通话及各种南通元素，而在上海文化的影响下，南通的建筑、教育、艺术、商业等诸多领域也都显现着海派风貌。

专栏 7.3　海派文化与江海文化

海派文化与江海文化的历史成因、发展道路有所不同，但却有着共同的一些特点。

开放性，是两座城市文化的共同特点之一。开埠后的上海是开放的上海。上海常得风气之先，中国的许多"第一"都产生在这里。短短百年间，上海从一个三等小县城发展成为远东最大的城市。而近代南通虽是非通商口岸城市，却主动吸纳当时的西方文明。张謇以"祁通中西"的理念，在南通开辟新工业区和港区，进行近代教育、文化、市政设施建设，建立了功能分布比较科学合理的多层次城镇体系，使南通成为当时江苏中东部地区的经济文化重镇。

---

① 参见南通市人民政府官网，http://www.nantong.gov.cn/ntsrmzf/sq/sq.html。

包容性，是两座城市文化的另一个共同特点。海纳百川是上海的胸怀。海派文化善于吸纳中西先进的思想理念、文化艺术乃至生活方式。海派文化少保守性，少狭隘的门户之见，因而使得近代上海人才云集，流派纷华，成为当时中国的文化中心。包容会通是南通的气度。江海文化以多元互补、杂合演进、古今并存、中西交融的姿态，使近代南通在传承吴越、荆楚、齐鲁三大古文化的基础上，形成了黄海歌谣、东皋印派、通州大布、梅庵琴派等风格迥异的艺术流派；吸引了王国维、陈寅恪、江谦等一批文化名人和数十名外国专家到南通任职任教。韩国诗人、史学家金沧江寓居南通 22 年，编辑出版各类著作 30 余种。这种建筑在共同地域心理基础上的文化融合，是江海文化的魅力所在。

创新性，是两座城市文化的又一个共同特点。近代上海华洋共处、五方杂居，中西文化剧烈碰撞，频繁交汇。上海始终站在文化演变浪潮的前端，吸纳但不照搬，敢于创新，追求时尚，使上海在近代中国的许多文化艺术门类处于领衔地位。近代南通敢为人先，自主建设、全面经营，使南通在工商业迅速发展的同时，教育、文化和慈善公益事业屡创全国第一。如中国近代第一所民立中等师范学校通州师范学校，中国人创办的第一座博物馆南通博物苑，中国最早的现代出版机构之一翰墨林印书局，等等。

资料来源：朱争平，《海派文化与江海文化》，《南通日报》2015 年 11 月 19 日。

7.1.4　交通网络

落后的交通是阻碍城市与城市之间合作发展的重要因素。过去，虽然上海与南通地理相近，但由于交通不便，沪通的经济距离远远大于物理距离，两地之间的经济联系也难以实现质的提升，南通接受上海的经济溢出也很有限。2008 年 6 月 30 日，苏通大桥正式通车，上海到南通的车程由 3 个多小时缩短至 1 小时。苏通大桥的通车不仅仅缩短了上海和南通的空间距离，也缩短了两地的经济距离。

2020 年，沪苏通铁路和沪苏通长江公铁大桥通车营运。与此同时，南通唯一、江苏第三的动车所——南通动车所投入使用。

自此，从南通到上海的动车实现直达，沪通交通网络进一步完善。

专栏 7.4　沪通"双城生活"的变化

对于从小在南通长大的陆春霞来说，从南通到上海的路，在她童年的记忆中是那么遥远。"大约五六岁的时候，爸爸妈妈带着我去上海。我们是夜里九点多钟从南通港上船，当时坐了整整一夜，第二天早晨天亮才到上海码头的。"南通市政府驻上海联络处主任陆春霞回忆。

随着苏通大桥、崇启大桥的建成通车，沪通两地的距离变得更近了。然而，每逢节假日，堵车还是常有的事情。2020 年 7 月 1 日，随着沪苏通长江公铁大桥建成通车，沪苏通铁路同步开通。至此，南通与上海之间铁路出行的最短时间从原来的 3.5 小时左右缩短到 66 至 99 分钟不等。

大桥通车后，陆春霞的工作更加忙碌了。"工作量翻了几番，今后，在沪苏通铁路上，可以一天就跑一个来回。深夜往南通赶，第二天一大早再往上海奔。这种双向的交流互动将越来越频繁。但我会忙并快乐着。"沪苏通长江公铁大桥建成通车后，南通从原来的"靠江、靠海、靠上海"，变成了"通江、通海、通上海"。对于这样的变化，陆春霞欣喜万分。"除了交通的'通'，在人才、产业、资金、信息方面也跟着'通'了，南通的老百姓也从中得到了更多的实惠。"陆春霞说。

资料来源：冯启榕、王湘琳，《沪通"双城生活"，更加轻松快捷》，《南通日报》2020 年 7 月 3 日。

7.2　沪通同城化水平分析

7.2.1　同城化水平总体变化趋势

本部分将结合同城化指数，对沪通同城化的发展水平进行定量分析。与前面章节处理方法相同，考虑到数据的可获得性，我们重点关注同城化相似性指标的差异。为了便于纵向比较，我们将两座城市的历年数据汇总在一起进行标准化处理。近五年的相似性指标显示，上海和南通在同城化发展上并未表现出水平的上升，而是呈现出波动的形态（图7.2）。根据测算，2015年沪通同城化水平的相似性指标得分为0.65，2016年与2017年有所下降，分别为0.59和0.53，2018年出现回升，达到了0.60，2019年回落到0.49。经济发展层面，2015—2019年沪通同城化的相似性指标得分分别为0.82、0.68、0.77、0.76、0.40；基础设施层面，2015—2019年沪通同城化的相似性指标得分分别为0.48、0.55、0.45、0.53、0.44；社会福利层面，2015—2019年沪通同城化的相似性指标得分分别为0.40、0.20、0.15、0.29、0.29；生态环境层面，2015—2019年沪通同城化的相似性指标得分分别为0.91、0.94、0.74、0.83、0.85。可以看到，沪通两地在生态环境维度表现出较高的同城化水平，而在经济发展、基础设施和社会福利上仍存在较大差异。

年份	2015	2016	2017	2018	2019
经济发展	0.82	0.68	0.77	0.76	0.40
基础设施	0.48	0.55	0.45	0.53	0.44
社会福利	0.40	0.20	0.15	0.29	0.29
生态环境	0.91	0.94	0.74	0.83	0.85
相似性水平	0.65	0.59	0.53	0.60	0.49

图7.2
2015—2019年沪通同城化相似性指标变化趋势

7.2.2　指标层面的变化趋势

1. 经济发展

近五年，上海与南通在经济发展水平层面的差异存在一定的

年份	2015	2016	2017	2018	2019
■ 劳动生产率差距	0.57	0.50	0.55	0.56	0.41
■ 产业结构差距	0.89	0.72	0.81	0.73	0.17
■ 人均GDP差距	1.00	0.83	0.95	1.00	0.62

图 7.3
2015—2019 年上海与
南通经济发展水平相似度
指标比较

波动特征（图 7.3）。2015—2019 年，沪通同城化的人均 GDP 差距指标得分分别为 1.00、0.83、0.95、1.00、0.62，2015 年和 2018年为近几年最高，2019 年为近几年最低；沪通同城化的产业结构差距指标得分分别为 0.89、0.72、0.81、0.73、0.17，2015—2018年基本保持在 0.7 以上，2019 年出现明显下降；沪通同城化的劳动生产率差距指标得分分别为 0.57、0.50、0.55、0.56、0.41。

2015—2019 年，上海人均 GDP 分别为 103 796 元、116 562元、126 634 元、134 982 元、157 279 元；南通人均 GDP 分别为84 236 元、92 702 元、105 903 元、115 320 元、128 294 元（图7.4）。可以看到，两地的人均 GDP 走势基本一致，都保持上升的态势，但上海人均 GDP 始终高于南通。2015—2019 年，上海的三次产业与二次产业结构比值分别为 2.13、2.34、2.27、2.35、2.69；南通的三次产业与二次产业结构比值分别为 0.95、1.02、1.02、1.03、0.95。上海的服务业比重基本保持上升趋势，而南通的二次产业和三次产业发展则出现交叉波动，2016—2018 年，南通的三次产业与二次产业之比均超过 1，2019 年，南通的三次产业与二次产业之比为 0.95，说明南通的第二产业依然在城市经济发展中占据重要位置（图 7.5）。在劳动生产率指标方面，上海与南通的增长趋势较为接近（图 7.6）。

图 7.4
2015—2019 年上海与南通人均 GDP 比较

图 7.5
2015—2019 年上海与南通产业结构比较

图 7.6
2015—2019 年上海与南通劳动生产率比较

2. 基础设施

近五年，上海与南通在基础设施水平层面的差距似乎逐渐扩大（图7.7）。2015—2019年，沪通同城化的万人轨道交通长度差距指标得分分别为0.26、0.26、0.16、0.05、0.00，差异主要是由于截至2019年，南通还没有城市轨道交通。沪通同城化的公路路网密度差距指标得分分别为0.50、0.51、0.54、0.63、0.68，两地的公路建设水平差距在逐渐缩小。沪通同城化的互联网普及率差距指标得分分别为0.68、0.89、0.64、0.91、0.63，两地的信息基础设施建设水平存在一定的波动。

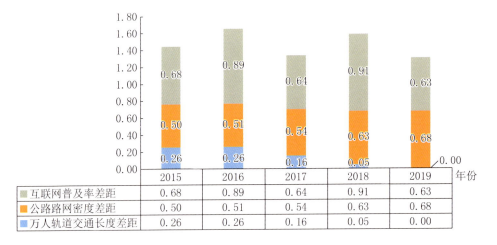

	2015	2016	2017	2018	2019
互联网普及率差距	0.68	0.89	0.64	0.91	0.63
公路路网密度差距	0.50	0.51	0.54	0.63	0.68
万人轨道交通长度差距	0.26	0.26	0.16	0.05	0.00

图 7.7
2015—2019年上海与南通基础设施水平相似度指标比较

2015—2019年，上海的公路路网密度分别为2.08公里/平方公里、2.10公里/平方公里、2.10公里/平方公里、2.07公里/平方公里、2.06公里/平方公里；南通的公路路网密度分别为1.73公里/平方公里、1.75公里/平方公里、1.78公里/平方公里、1.80公里/平方公里、1.82公里/平方公里（图7.8）。近两年，南通与上海的公路建设差距出现缩小的趋势，既有上海的公路建设出现回落的原因，也有南通持续进行公路路网建设的原因。2015—2019年，上海的互联网普及率分别为0.29户/人、0.26户/人、0.28户/人、0.36户/人、0.37户/人，南通的互联

图 7.8
2015—2019 年上海与
南通公路路网密度比较

图 7.9
2015—2019 年上海与
南通互联网普及率比较

网普及率分别为 0.18 户 / 人、0.31 户 / 人、0.40 户 / 人、0.40 户 / 人、0.48 户 / 人（图 7.9）。自 2016 年以来，南通的互联网普及率始终高于上海。

3. 社会福利

近五年，上海与南通在社会福利水平层面的差距并未表现出明显的缩小，部分指标甚至出现差距扩大现象（图 7.10）。2015—2019 年，沪通同城化的人均就业保障支出差距指标得分分别为 0.86、0.19、0.17、0.55、0.43，2016 年和 2017 年出现较大下滑，2018 年差距缩小，2019 年似有差距扩大趋势。2015—2019 年，沪通同城化的转移支付占财政支出比例差距指标得分分别为 0.65、0.43、0.02、0.11、0.00，差距总体表现出扩大的态势。2015—

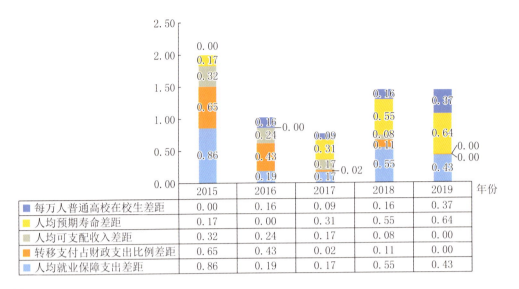

	2015	2016	2017	2018	2019
■ 每万人普通高校在校生差距	0.00	0.16	0.09	0.16	0.37
■ 人均预期寿命差距	0.17	0.00	0.31	0.55	0.64
■ 人均可支配收入差距	0.32	0.24	0.17	0.08	0.00
■ 转移支付占财政支出比例差距	0.65	0.43	0.02	0.11	0.00
■ 人均就业保障支出差距	0.86	0.19	0.17	0.55	0.43

图 7.10
2015—2019 年上海与南通社会福利水平相似度指标比较

2019 年，沪通同城化的人均可支配收入指标得分分别为 0.32、0.24、0.17、0.08、0.00，人均可支配收入同样存在逐渐扩大的趋势。2015—2019 年，沪通同城化的人均预期寿命差距指标得分分别为 0.17、0.00、0.31、0.55、0.64，2016 年以来，两地人均预期寿命水平逐渐接近。2015—2019 年，沪通同城化中每万人普通高校在校生差距指标得分分别为 0.00、0.16、0.09、0.16、0.37，2017 年以来两地每万人普通高校在校生差距逐渐缩小。

2015—2019 年，上海的人均就业保障支出分别为 2 249 元、4 087 元、4 387 元、3 851 元、4 117 元；南通的人均就业保障支出分别为 985 元、1 078 元、1 336 元、1 792 元、1 745 元（图 7.11）。上海的人均就业保障支出波动较大，南通基本保持增长的趋势，2019 年略有回落。2015—2019 年，上海的转移支付占财政支出比重分别为 21.99%、25.8%、35.58%、33.17%、33.28%；南通的转移支付占财政支出比重分别 14.33%、14.26%、16.54%、15.70%、13.87%（图 7.12）。上海的转移支付比重在 2017 年以后，基本维持在 30% 以上，而南通的转移支付比重始终没有超过 20%，2019 年只有 13.87%，两地转移支付比重存在一定差距。2015—2019 年，上海的人均可支配收入分别为 52 962 元、

57 692 元、62 596 元、68 034、73 615 元；南通的人均可支配收入分别为 36 291 元、39 247 元、42 756 元、46 321 元、50 217 元（图 7.13）。2015—2019 年，上海与南通的人均可支配收入基本保持一致的发展趋势，并且上海的人均收入始终高于南通，这与两地人均 GDP 相似。2015—2019 年，上海的人均预期寿命分别为 82.75 岁、83.13 岁、83.37 岁、83.63 岁、83.66 岁；南通的人均预期寿命分别为 80.96 岁、80.98 岁、81.86 岁、82.61 岁、82.82 岁（图 7.14）。上海与南通的人均预期寿命均表现出上升的趋势，但南通总体增幅更为明显，因而两地人均预期寿命差距在逐渐缩小。2015—2019 年，上海的每万人普通高校在校生分别为 212 人、213 人、213 人、214 人、217 人；南通的每万人普通高校在校生

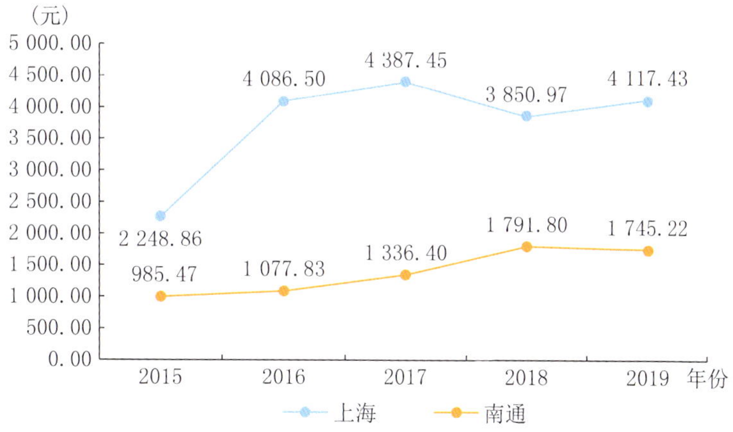

图 7.11
2015—2019 年上海与南通人均就业保障支出比较

图 7.12
2015—2019 年上海与南通转移支付占财政支出比重比较

图 7.13
2015—2019 年上海与
南通人均可支配收入比较

图 7.14
2015—2019 年上海与
南通人均预期寿命比较

图 7.15
2015—2019 年上海与
南通每万人普通高校在校
生比较

分别为114人、130人、124人、130人、153人（图7.15）。上海的每万人普通高校在校生数量基本保持稳定，而南通在2017年以后在校生数量逐渐增多。

4. 生态环境

近五年，上海与南通在生态水平方面的差距在不同层面表现出差异化特征（图7.16）。2015—2019年，沪通同城化的单位GDP耗电量差距指标得分分别为1.00、0.99、0.97、0.95、0.89，指标数据表现出逐渐减小的趋势，反映两地的单位能耗差距逐渐加大。2015—2019年，沪通同城化的人均公园绿地面积差距指标得分分别为0.82、0.88、0.75、0.67、0.66，除了2016年，沪通在人均公园绿地面积层面的差距似有扩大趋势。2015—2019年，沪通同城化的节能环保占财政支出比重差距指标得分分别为0.92、0.95、0.51、0.87、0.99，2017—2019年，两地节能环保占财政支出比重差距表现出明显缩小的趋势。

2015—2019年，上海的单位GDP耗电量分别为571.45千瓦时/万元、542.28千瓦时/万元、498.41千瓦时/万元、479.40千瓦时/万元、411.10千瓦时/万元；南通的单位GDP耗电量分别为567.94千瓦时/万元、553.74千瓦时/万元、517.87千瓦时/万元、514.20千瓦时/万元、481.24千瓦时/万元（图7.17）。2015年，上海与南通的能耗水平大致相同，此后两地差距逐渐拉

图7.16
2015—2019年上海与南通生态环境水平相似度指标比较

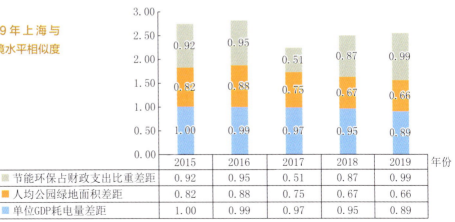

	2015	2016	2017	2018	2019
节能环保占财政支出比重差距	0.92	0.95	0.51	0.87	0.99
人均公园绿地面积差距	0.82	0.88	0.75	0.67	0.66
单位GDP耗电量差距	1.00	0.99	0.97	0.95	0.89

大。近年来，沪通产业结构出现差异化发展，南通第二产业相对发达，单位能耗明显高于上海。2015—2019 年，上海的人均公园绿地面积分别为 7.62 平方米 / 人、7.83 平方米 / 人、8.19 平方米 / 人、8.49 平方米 / 人、8.82 平方米 / 人；南通的人均公园绿地面积分别为 3.78 平方米 / 人、4.16 平方米 / 人、4.15 平方米 / 人、4.24 平方米 / 人、4.54 平方米 / 人（图 7.18）。沪通两地在绿化建设方面基本都保持上升趋势，两地差距没有明显变化，上海人均公园绿地面积始终是南通的 2 倍左右。2015—2019 年，上海的节能环保占财政支出比重分别为 1.69%、1.94%、2.98%、2.79%、2.25%；南通的节能环保占财政支出比重分别为 2.07%、1.63%、1.43%、2.27%、2.44%（图 7.19）。2015—2017 年，南通节能环

图 7.17
2015—2019 年上海与南通单位 GDP 耗电量比较

图 7.18
2015—2019 年上海与南通人均公园绿地面积比较

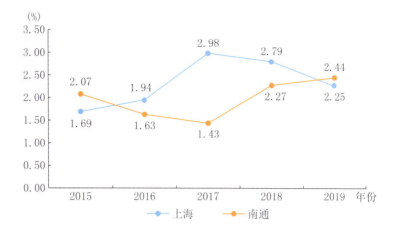

保占财政支出比重表现出下降的趋势，2017 年以后逐年上升，而上海的走势与南通相反，两地差距表现为先扩大后缩小的特征。

7.2.3　沪通同城化的指标贡献度

与前面章节类似，接下来我们将通过梳理沪通同城化各个指标贡献率的变化趋势，来探索推动沪通同城化进程的原因（表 7.2）。

1. 经济发展

2015 年沪通同城化的人均 GDP 差距指标的贡献率为 20.4%，此后三年一直维持在 18% 以上，但 2019 年出现明显下降，下降至 7.9%。2015 年，产业结构差距指标的贡献率为 6.7%，此后略有波动，但 2019 年为 5.5%。劳动生产率差距指标的贡献率同样表现出波动走势，由 2015 年的 5.8% 波动下降至 2019 年的 4.9%。可见，经济发展对沪通同城化水平的贡献度在小幅波动。

2. 基础设施

2015—2019 年，沪通同城化的万人轨道交通长度差距指标的贡献率分别为 2.8%、2.5%、2.8%、2.5%、2.8%，基本保持稳定，2019 年贡献率出现一定程度上升。2015—2019 年，公路路网密度差距指标的贡献率分别为 4.7%、5.5%、7.4%、7.4%、8.6%。公路建设对沪通同城化的贡献度基本维持上升态势。2015 年，互联网普及率差距指标的贡献率为 1.4%，2019 年为 6.6%，其间走势具有一定的波动性。可以看到，轨道交通对沪通同城化的影响程度相对稳定，公路交通对沪通同城化水平的提高具有较持续的正向影响，信息建设对沪通同城化的影响程度具有波动性。

3. 社会福利

社会福利水平对沪通同城化的贡献率相对较低。沪通同城化的人均就业保障支出差距指标的贡献率在 2015 年为 3.5%，2016年有所回落，2017 年和 2018 年出现上升，到 2019 年又回落至5.7%。转移支付占财政支出比例差距指标的贡献率基本保持稳定，2015 年为 1.2%，2019 年为 1.0%。2015—2019 年，人均可支配收入差距指标的贡献率基本保持在 0.8%—0.9% 的水平。人均预期寿命差距指标的贡献率除 2016 年有所下降外，总体表现出上升的趋势，2015 年为 1.3%，2019 年达到了 2.6%。2015 年，每

表 7.2
2015—2019 年沪通同城化的相似性层面指标贡献率（%）

	指 标 层	2015	2016	2017	2018	2019
经济发展水平差异	人均 GDP 差距	20.4	18.2	22.1	18.9	7.6
	产业结构（三产比二产）差距	6.7	6.7	8.5	9.3	5.5
	劳动生产率差距	5.8	4.5	6.5	6.6	4.9
基础设施水平差异	万人轨道交通长度差距	2.8	2.5	2.8	2.5	2.8
	公路路网密度差距	4.7	5.5	7.4	7.4	8.6
	互联网普及率差距	1.4	14.9	10.1	11.0	6.6
社会福利水平差异	人均就业保障支出差距	3.5	3.4	5.1	6.9	5.7
	转移支付占财政支出比例差距	1.2	1.0	1.9	0.8	1.0
	人均可支配收入差距	0.9	0.8	0.9	0.8	0.9
	人均预期寿命差距	1.3	1.0	1.3	1.9	2.6
	每万人普通高校在校生差距	1.7	1.3	1.1	1.1	1.8
生态环境水平差异	单位 GDP 耗电量差距	20.3	17.8	20.4	18.7	21.0
	人均公园绿地面积差距	8.1	9.2	10.1	9.8	12.9
	节能环保占财政支出比重差距	21.1	13.3	1.7	4.3	18.2

万人普通高校在校生差距指标的贡献率为 1.7%，此后出现下降，2019 年又上升到 1.8%。社会福利层面尚未对沪通同城化做出太大贡献。

4. 生态环境

生态环境水平层面的各指标对沪通同城化的贡献率相对较高。2015 年，单位 GDP 耗电量差距指标的贡献率为 20.3%，2019 年有所上升，达到 21%。人均公园绿地面积差距指标的贡献率由 2015 年的 8.1% 增长到 2019 年的 12.9%。节能环保占财政支出比重差距指标的贡献率波动较大，2015 年为 21.1%，此后两年逐渐下降，2018 年有所回升，2019 年又达到 18.2%。总体来看，沪通生态环境层面的发展加速了沪通同城化进程。

7.3 沪通同城化的困难及展望

7.3.1 沪通同城化面临的困难

1. 同城化相对优势不明显，但存在上升空间

从同城化指数分析结果可以看到，沪通同城化水平整体高于沪嘉同城化，但低于沪苏同城化。2015—2019 年，沪通同城化相似性指数仍然存在上升空间。未来需要更加关注沪通两地社会福利方面的同城化，进一步推动两地"共同富裕"。

2. 人均收入差距较大，分配亟待更加合理化

从同城化的细分层面看，沪通两地的人均收入差距较大。尽管纵向看，南通人均可支配收入近年来一直保持增长态势，但横向与上海相比仍然存在差距。虽然收入水平不能做到完全均等，但应将沪通收入差距保持在合理范围内。沪通在转移支付占比方面也存在一定差距，与经济、社会福利相配套的分配制度还有待完善。

3. 产业发展阶段不同，缺乏顶层规划设计

随着交通条件的改善，沪通经济社会联系日益紧密，由于发

展基础不同，目前沪通经济发展各具特色。与嘉兴情况相似，南通也是工业城市，第二产业比重相对较高，现代服务业发展缓慢。由于发展阶段的不同，上海与南通产业发展的主要任务不尽相同，但目前还没有形成统一的顶层规划设计，产业融合以及产业链环节协调存在困难。此外，南通与嘉兴在对接上海方面，发展战略相近，容易造成重复建设。

7.3.2 沪通同城化的展望

1. 缩小民生差距是沪通同城化的基础

公共服务的对接，集中体现在教育、医疗、文化等方面的合作上。南通早在2009年就与上海开创了医保跨省即时结算的先河，市直医疗单位全部与上海医院建立了协作关系，实行沪通医保异地结算机制。2017年，《南通建设上海大都市北翼门户城市总体方案》中明确提出"公共服务同城化"，具体包括"基本公共服务体系进一步健全，与上海的差距逐步缩小，在教育、医疗、文化、生态等事关民生的领域，实现与上海密切合作、互动互利、共同发展"。《南通市"十四五"规划和二〇三五年远景目标纲要》提出，"推动张江高科技园区、上海市生物医药科技产业促进中心与启东生物医药园区共建科技企业孵化器、研究院所等平台载体，吸引、孵化一批医药高科技成果和企业来通转化和产业化"。

从收入差距的纵向比较来看，沪通两地人均可支配收入都保持增长态势，但横向对比后发现，南通始终没能缩小与上海的差距，沪通人均可支配收入差距的存在会影响两地的居民消费水平。因此，尽管南通人均可支配收入多年来保持增长，但因为差距的存在，沪通同城化可能降低南通整体消费倾向。未来，南通要通过提高居民收入，保持经济快速增长，缩小与上海的差距。《南通市"十四五"规划和二〇三五年远景目标纲要》提出，到2035年南通居民收入增长要"高于经济增长，共同富裕取得更为明显的实质性进展，人民群众过上现代化的高品质生活，高质量和现代化发展走在全省前列"。

专栏 7.5　更好满足老年人对美好生活的向往

激情澎湃的南通人用自己的努力迎来了全方位对接上海的又一重大成果——上海大学直属附属医院跨江落户南通市第六人民医院。

2020 年 11 月 28 日，上海大学附属南通医院（南通六院）正式揭牌。作为南通与上海大学产学研合作的重要共建内容之一，上海大学老年医学研究院也将在南通落地建设。这是南通提升城市服务能级，服务长三角健康一体化做出的又一有益探索。

这样的跨江携手，不仅全面翻开了南通市第六人民医院由临床型医院向临床研究型医院转型升级的新蓝图，也必将对"健康南通"建设产生深远影响，助力南通加速形成老年健康领域产业化高地。

在落实南通市委、市政府"三个全方位"等一系列战略部署中，南通六院正以舍我其谁的担当加速融入长三角一体化发展中，为南通打造长三角一体化沪苏通核心三角强支点城市做出自己的贡献。

资料来源：叶国、冯启榕、蒋杏茂、张凌丽：《在长三角健康一体化中展现南通作为》，《南通日报》2020 年 11 月 27 日。

2. 协调产业竞争格局是推动沪通同城化的重要动力

南通和嘉兴都是工业城市，两地与上海的对接面较为相似，在推动上海都市圈发展的过程中存在过度竞争的风险。一旦南通、嘉兴各自与上海的合作格局演变成南通与嘉兴之间的过度竞争时，会直接遏制同城化乃至上海都市圈的发展。未来，南通需要根据自身的发展特点，探索形成具有南通优势的差异化对接上海的途径。产业发展方面，不再局限于发展人口密集型产业，而要坚持把推进产业高端化作为重要着力点。目前，沪通产业合作已有三种形式：第一，研发在上海、生产在南通，生物医药、工业机器人、半导体等领域高端制造环节加快向南通转移；第二，孵化在上海、转化在南通，与上海知名高校、科研院所深化科技研发合作，并在南通实现产业化；第三，前台在上海、后台在南通，企业把总部营销的窗口设在上海，而金融后台、呼叫中心、工业设计等配套产业逐步在南通集聚。[①]"飞地"经济的形式将充分发挥两地资源禀赋的优势，助力产业同城化的发展。

2019年，在上海举行"长三角大数据一体化发展论坛"期间，上海市经信委、江苏省工信厅和南通市政府三方共同签署了《沪苏（通）大数据基础设施和产业发展战略合作协议》。该协议的主要目的是促进沪通两地的大数据产业协同。

《南通市"十四五"制造业高质量发展规划》明确提出，到2025年，"全市制造业规模和质量迈上新的更高台阶，产业基础高级化和产业链现代化水平明显提高，重点产业集群水平国内领先，产业结构明显优化"，到2035年，"全面建成先进制造业强市，高水平建成长三角北翼高端制造新中心"。

3. 完善机构部门对接工作是沪通同城化的保障

上海服务业发展处于全国前列，而周边的南通拥有较强的制造业，产业同城化的构建可以将两者融合，带动沪通两地协同发展。考虑到目前沪通同城化统筹力度还有加强空间，未来需要进一步做好顶层设计，打破政策制约，同时建立起一系列配套同城化行动的工作机制，特别是完善两地负责同城化相关部门的对接机制，定期和不定期地进行政府层面和民间层面的信息沟通会议，推动各项同城化项目的开发和实施。

4. 大型基础设施建设是沪通同城化的重要机遇

《南通市"十四五"规划和二〇三五年远景目标纲要》第七章"推进重大基础设施建设，打造全国性综合交通枢纽"中提出，"打造现代综合交通新枢纽"，包括空铁枢纽、多层次轨道交通、过江通道以及公路和内河航道。《上海市城市总体规划（2017—

---

① 参见王海平：《"北大门"的抱负：南通与上海不是两个城市的关系》，《21世纪经济报道》，http://www.21jingji.com/2017/7-8/0OMDEzNzlfMTQxMzM0OQ.html。

2035年）》也提到，"加强上海港与宁波—舟山港、苏州港、南通港、嘉兴港等长江下游和杭州湾地区港口的分工合作"，交通的日益畅达使沪通同城化进入快车道。

南通新机场的建设将成为沪通同城化的重大机遇。《江苏省"十四五"民航发展规划》明确提出，加快推进南通新机场及综合枢纽规划建设，构建快速便捷的地面交通网络，建设成为上海国际航空枢纽重要组成部分。南通机场积极融入上海枢纽，快速拓展国内航线网络覆盖范围，巩固提升至国内枢纽机场的通达能力，加强对国内二三线城市及部分重点支线市场的辐射，深度参与上海市场分工，成为上海国际航空枢纽的重要组成部分。南通机场与上海市场联动发展，重点布局东南亚、东北亚重点旅游市场航线，稳定运营台北航线，逐步培育国际和地区市场。可见，南通新机场的落地将不仅直接提升沪通交通互联的水平，也将进一步促进两地在产业、旅游等多方面的深层次合作。

专栏7.6　南通新机场，"上海第三机场"的战略定位

为打造具有区域特色的高质量发展新引擎，南通新机场需要做好战略定位。

首先，以差异化为战略目标，建设高质量机场。一是从市场容量方面来看，南通新机场以其优越的区位优势和规划建设中发达的地面交通网络，可有效承接上海两场的巨量溢出；二是南通新机场将深度参与上海两场航空运输市场的分工，成为上海国际航空枢纽不可或缺的力量；三是南通新机场将与上海两场形成联动，统筹"一市三场"运营管理，优势互补，合作共赢；四是实现南通新机场与上海以轨道交通为骨干的综合交通运输体系的有效衔接，创建"轨道上的新机场"；五是从发展空域方面来看，南通新机场的航线网络规划建设有较大的发展空间，比如面向苏北辐射、面向东北亚方向优先发展、加强日韩航线网络辐射以及面向俄罗斯远东地区的航线网络扩张。同时还可建设面向宝岛台湾的航线网络，减轻上海两场的航班容量压力。建设面向东三省及中西部的航线网络，助力"一带一路"建设。

其次，以通州湾建设为战略支撑，建设四型机场。通州湾作为南通陆海统筹改革试验的先导区，位于中国东部沿海中心节点，紧邻上海，地处长三角核心区，是黄金水道和黄金海岸的交汇点，更是"一带一路"与长江经济带两大国家战略的核心支点。通州湾的开发建设，将为江苏提供新的出海口，促进长三角沿海城市特别是江苏东部出海口的大开发，其中连接南通新机场的机场快线已经进入招标阶段，该线路西起南通东站，经南通新机场后往东终至通州湾。因此，南通新机场应结合外部发展环境及内部发展驱动，制定具有南通特色的发展规划，以通州湾的建设为战略支撑，高起点、高标准、高要求建设四型机场，为连接通州湾的人流、物流、资金流和信息流提供快速便捷的绿色通道。

最后，兼顾顶层设计和区域统筹，建设竞合机场。南通新机场属地为南通市，既不属于东部机场集团，也不属于上海机场集团，同时接受江苏的规划建设和上海的投资建设，与上海存在千丝万缕的竞合关系。从短期来看，为承接上海两场的溢出，可加强与上海机场集团和东部机场集团的协同。笔者认为，短期内南通新机场纳入上海机场集团统一协同管理是合适的，但从长期来看，随着长三角区域一体化发展的驱动效应和带动作用，以及长三角航空运输发展的加快，应该加强顶层设计，建立长效发展机制，统筹协调长三角航空产业的发展。比如，以纽约新泽西港务局管理模式为参考，可建立一个包括南通新机场的长三角航运管理集团，通过授权统筹协调长三角区域机场资源及空域资源，实行差异化管理与定位，构建国际网络、地区网络、国内精品网络、国内区域网络等差异化航线网络布局，以高铁网络为桥梁，连接周边区域机场，组建航空、高铁、河运、高速公路"四位一体"的海、陆、空立体运输系统，在加强客货并举的同时，精准规划好各个机场的分工与协同，凸显竞合机场的战略定位。

资料来源：齐朝辉、谢泗薪：《上海"一市三场"运营模式下南通新机场战略定位与协同发展》，《空运商务》2021 年第 12 期。

8

专题：
中国同城化指数报告

同城化是区域一体化中人口和经济密度最高的一种存在形态，是区域发展走向均衡的必经阶段。测度同城化水平是研究城市集群和都市圈的重要课题。我们从相关性及相似性两个角度，构建了评价同城化的指标体系，并对中国国内比较公认的同城化水平较高的地区进行测算和排名。根据中国同城化发展的现状和趋势，课题组选择了 11 个有代表性的地区作为评估对象。它们是：广佛、深莞、沪苏、苏锡常、宁镇扬、杭绍、甬舟、杭嘉湖、成德眉资、厦漳泉、长株潭。

Urban integration is the most densely populated and economically dense form of regional integration and is a necessary stage for regional development towards equilibrium. Therefore, measuring the level of urban integration is an important issue in studying urban clusters and metropolitan areas. We have constructed an index system to evaluate urban integration from two perspectives of correlation and similarity and measured and ranked regions with a relatively high level of integration that are more recognized in China. Based on the current situation and trend of China's urban integration, we have selected 11 representative regions for evaluation, including Guangzhou-Foshan, Shenzhen-Dongguan, Shanghai-Suzhou, Suzhou-Wuxi-Changzhou, Nanjing-Zhenjiang-Yangzhou, Hangzhou-Shaoxing, Ningbo-Zhoushan, Hangzhou-Jiaxing-Huzhou, Chengdu-Deyang-Meishan-Ziyang, Xiamen-Zhangzhou-Quanzhou and Changsha-Zhuzhou-Xiangtan.

8.1 同城化测算结果分析

经过计算，对11个同城化地区进行了排名，测算结果见表8.1。

表 8.1
中国同城化指数测算结果

排名	地 区	相关性维度	相似性维度	同城化指数值
1	广佛	0.93	0.62	0.83
2	深莞	0.98	0.47	0.81
3	沪苏	0.85	0.64	0.78
4	苏锡常	0.69	0.82	0.74
5	杭绍	0.66	0.72	0.68
6	甬舟	0.38	0.85	0.54
7	杭嘉湖	0.51	0.52	0.51
8	厦漳泉	0.47	0.58	0.51
9	宁镇扬	0.38	0.54	0.44
10	长株潭	0.21	0.63	0.35
11	成德眉资	0.25	0.51	0.33

注：迁徙指数搜索设定日期为2021年6月23日；通勤时间搜索设定日期为2021年6月25日；边界灯光为2018年数据；相似性指标使用2019年数据。

8.1.1 同城化水平分析

从同城化指标体系测算结果来看，广佛、深莞、沪苏的指数得分分列11个同城化地区的前三，分别为0.83、0.81、0.78。宁镇扬、长株潭、成德眉资位列末三，分别为0.44、0.35、0.33。处在第4—8位的地区依次是苏锡常（0.74）、杭绍（0.68）、甬舟（0.54）、杭嘉湖（0.51）、厦漳泉（0.51）、宁镇扬（0.44）、长株潭（0.35）。与总体水平相似，在相关性维度上，广佛、深莞及沪苏地区也表现出最高的水平，宁镇扬、长株潭及成德眉资地区的相关性水平依然处在最后三位。而在相似性维度上，甬舟、苏锡常及

图 8.1
11 个同城化地区总体水平比较

杭绍地区表现出较低的差异性，高于其他地区的水平，成德眉资地区在该维度上的表现依然不佳（图 8.1）。

8.1.2 各层面的同城化水平比较

1. 相关性维度

从相关性维度来看，11 个同城化地区基本表现出一致的水平差异。在人员往来程度层面，2021 年 6 月 23 日高德城市迁徙意愿大数据显示，东莞—深圳的迁入指数为 26.6，迁出指数为 25.97，平均迁徙意愿达到 26.29，位列所有 11 个同城化地区第一；紧随其后的佛山—广州迁入指数为 24.39，迁出指数为 24.66，平均迁徙意愿为 24.53；位列第三的是沪苏地区，苏州—上海迁入指数为 20.76，迁出指数为 19.41，平均迁徙意愿为 20.09。位列第 4—10 位的地区水平相对较低且差距不大，依次是杭绍（平均迁徙意愿为 8.86）、苏锡常（平均迁徙意愿为 8.46）、杭嘉湖（平均迁徙意愿为 6.19）、厦漳泉（平均迁徙意愿为 3.18）、成德眉资（平均迁徙意愿为 2.76）、长株潭（平均迁徙意愿为 2.68）、宁镇扬（平均迁徙意愿为 2.60）。甬舟地区由于舟山地处群岛，两地的人员往来规模相对较低，尽管近些年建设的跨海大桥将舟山与宁波连接，但两地平均迁徙意愿仍仅为 1.09。该指标也基本表明，11

个同城化地区中深圳与东莞人员往来最为密切（图 8.2）。此外，由于有些地区包含 3—4 个城市，内部的异质性也会影响其人员往来指标水平。例如，厦漳泉地区包含厦门、漳州及泉州三个城市，大数据显示，漳州—厦门迁入指数和迁出指数分别为 4.48 和 4.64，高于许多地区的指标水平，但由于泉州—漳州迁入指数和迁出指数仅为 0.87 和 0.98，拉低了该同城化地区的平均水平。类似地，成德眉资地区的德阳—成都迁入指数和迁出指数分别达到 7.22 和 7.14，而资阳—成都的迁入指数和迁出指数分别只有 2.43 和 2.19。可见，内部发展的不均衡会阻碍同城化的进程。

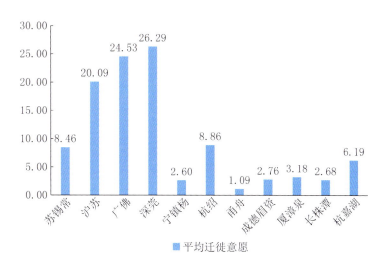

图 8.2
人员往来程度比较

在交通联系程度层面，杭州—绍兴由于地域临近，又有直达高铁的互联，最小通勤时间约为 13 分钟，位居 11 个同城化地区首位。紧随其后的苏锡常平均最小通勤时间均为 14 分钟。位居第 3—10 位的依次是广佛、深莞、沪苏、宁镇扬、长株潭、厦漳泉、成德眉资、杭嘉湖。舟山与宁波由于高铁尚未开通，无论是空间距离还是通勤时间都远大于其他同城化地区。

在文化认同度层面，上海与苏州及苏锡常同属吴方言区太湖片语种，因此语言距离较为接近。类似地，广佛、深莞均属于粤语方言区广府片语种，甬舟同属于吴方言区太湖片语种，厦漳泉均属于闽方言区闽南片语种。杭州和绍兴虽然绝大部分地域属于吴方言区太湖片语种，但杭州下辖的淳安县属于徽方言区，与吴方言有较大区别。杭嘉湖、宁镇扬、成德眉资及长株潭地区也存在着相似的情况，它们的语言距离要大于沪苏、广佛等方言更为接近的同城化地区。

在空间一体化程度层面，深莞及广佛依然表现出较高的水平，而甬舟地区并未因为天然的限制而落后于大多数地区。通过分析 2018 年的 VIIRS 夜间灯光发现，深莞行政边界的 1 公里缓冲区范围内，平均灯光强度指数达到为 54.36，位居 11 个同城化地区首位，紧随其后的广佛边界平均灯光强度为 47.97，沪苏地区以 45.04 的平均灯光强度位居第三位。位居第 4—11 位的同城化地区分别为甬舟、苏锡常、宁镇扬、杭绍、杭嘉湖、京津、厦漳泉、长株潭及成德眉资。

经过数据标准化处理后可以看到，深圳与东莞在各个层面上均表现出较高的相关性，广州与佛山次之，成德眉资及长株潭地区的同城化发展在各个层面相较于其他同城化地区都处于较低水平（表 8.2，图 8.3）。

从指标排名结果可以初步看到，同城化更多体现了经济社会联系，而非仅仅空间的邻近关系。这也很好地解释了为什么深莞、广佛及沪苏地区的排名靠前，而成德眉资地区排名靠后。课题组也对京津地区的同城化水平进行了测算。北京和天津作为两个直辖市，它们的经济社会水平超过大多数城市，但作为两个独立的城市系统，经济社会联系并不紧密，仅人员往来水平就远低于深莞、广佛和沪苏，而这恰恰是同城化的重要特征。

表 8.2
同城化的相关性维度指标

	苏锡常	沪苏	广佛	深莞	宁镇扬	杭绍	甬舟	成德眉资	厦漳泉	长株潭	杭嘉湖
人员往来程度	0.29	0.75	0.93	1.00	0.06	0.31	0.00	0.07	0.08	0.06	0.20
交通联系程度	0.98	0.87	0.94	0.94	0.77	1.00	0.00	0.46	0.75	0.76	0.57
文化认同度	1.00	1.00	1.00	1.00	0.28	0.93	1.00	0.47	1.00	0.00	0.95
空间一体化程度	0.50	0.78	0.85	1.00	0.41	0.40	0.52	0.00	0.07	0.03	0.32

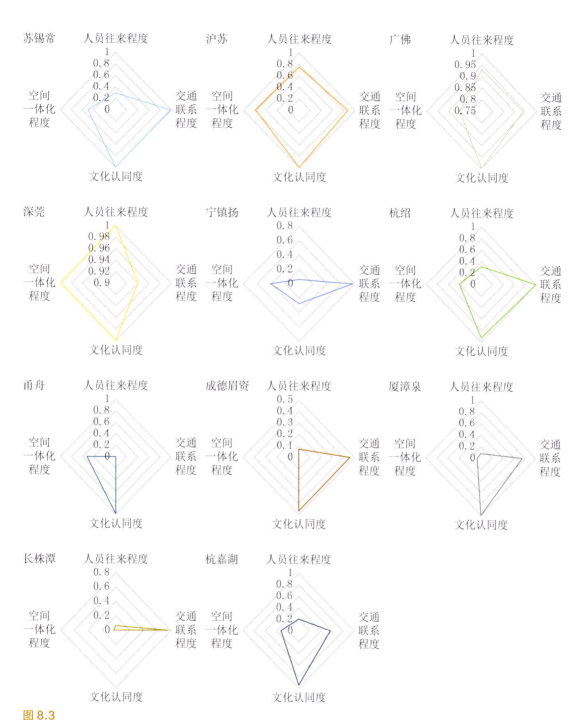

图 8.3
11 个同城化地区相关性维度雷达图

2. 相似性维度

相似性指标反映了同城化地区城市发展水平的差距。

从相似性维度来看，11 个同城化地区的发展差距不尽相同，各有优势（图 8.4，图 8.5）。经济发展差距层面，苏锡常地区的同城化水平达到 0.93，位居第一；甬舟、宁镇扬的经济发展差距指标得分分别为 0.85 和 0.79，分列第二、第三；深莞地区的经济发展差距指标得分为 0.36，这个层面上的水平差距较大；经济发展差距层面位列第 4—10 位的地区依次是厦漳泉（0.78）、沪苏（0.69）、广佛（0.65）、杭绍（0.65）、杭嘉湖（0.55）、成德眉资（0.46）、长株潭（0.39）。基础设施差距层面，甬舟地区的同城化水平达到 0.98，位居第一；杭绍、苏锡常的基础设施差距指标得分分别为 0.87 和 0.86，分列第二、第三；基础设施差距层面位列第 4—11 位的地区依次是长株潭（0.83）、广佛（0.81）、厦漳泉（0.68）、杭嘉湖（0.58）、沪苏（0.53）、宁镇扬（0.44）、成德眉资（0.44）、深莞（0.35）。社会福利差距层面，甬舟地区的同城化水平达到 0.79，位列第一；深莞与苏锡常的社会福利差距指标得分分别为 0.77 和 0.69，分列第二、第三；得分最低的是宁镇扬

图 8.4
11 个同城化地区相似性维度比较

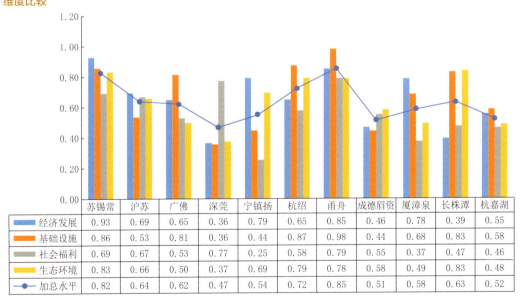

	苏锡常	沪苏	广佛	深莞	宁镇扬	杭绍	甬舟	成德眉资	厦漳泉	长株潭	杭嘉湖
经济发展	0.93	0.69	0.65	0.36	0.79	0.65	0.85	0.46	0.78	0.39	0.55
基础设施	0.86	0.53	0.81	0.36	0.44	0.87	0.98	0.44	0.68	0.83	0.58
社会福利	0.69	0.67	0.53	0.77	0.25	0.58	0.79	0.55	0.37	0.47	0.46
生态环境	0.83	0.66	0.50	0.37	0.69	0.79	0.78	0.58	0.49	0.83	0.48
加总水平	0.82	0.64	0.62	0.47	0.54	0.72	0.85	0.51	0.58	0.63	0.52

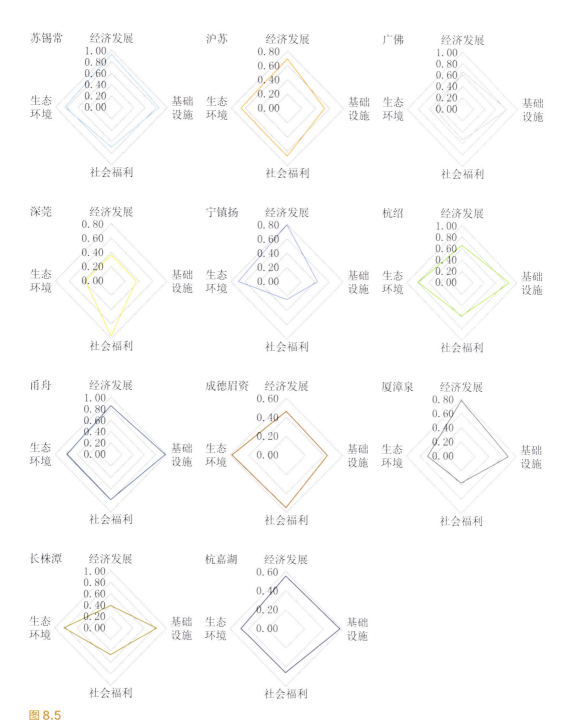

图 8.5
11 个同城化地区相似性维度雷达图

地区，为 0.25；社会福利差距层面位列第 4—10 位的地区依次是
沪苏（0.67）、杭绍（0.58）、成德眉资（0.55）、广佛（0.53）、长
株潭（0.47）杭嘉湖（0.46）、厦漳泉（0.37）。生态环境差距层
面，长株潭地区和苏锡常地区的同城化水平达到 0.83，并列第一；
杭绍的生态环境差距指标紧随其后，为 0.79，位列第二；生态环
境差距层面位列第 4—11 位的地区依次是甬舟（0.79）、宁镇扬
（0.69）、沪苏（0.66）、成德眉资（0.58）、广佛（0.50）、厦漳泉
（0.49）、杭嘉湖（0.48）、深莞（0.37）。

整体上看，11 个地区同城化的阻碍不仅表现在经济发展上，
还表现在基础设施、社会福利和生态环境等方面。城市间的发展
差距也是各区域发展不平衡的重要体现。社会福利是关乎民生和
社会稳定的基础，影响着同城化地区的总体发展和共同富裕。经
济发展是保障和改善民生的基础，长期的、过大的区域差距还会
导致社会福利、养老、医疗、教育、文化建设等非经济方面的发
展不平衡，进而影响后发展地区的总体发展水平。生态环境保护
在推动区域高质量发展方面的作用不断增强，但巩固和改善区域
生态环境协同发展的难度依然很大。目前，中国已构建多层次、
多领域、全方位的区域协调发展战略体系，以"五位一体"总布
局为统领，优势互补、因地制宜的高质量发展区域空间布局正在
形成，将为实现城市群或都市圈的区域协调发展提供坚实保障。

3. 相似性维度各层面的比较

对比各同城化地区的具体指标可以发现，苏锡常地区在经济
发展方面水平接近，三地的经济实力和产业结构差距相对其他同
城化地区更小，劳动生产率比较接近；甬舟地区在基础设施方面
差距较小，两地公路路网密度接近，同时，互联网普及率差距较
小；深莞两地在社会福利方面水平接近，两地的转移支付占财政
支出比重及每万人普通高校在校生差距较小；甬舟两地在生态环
境方面水平也比较接近，虽然各指标未必都是最高，但无论是单
位 GDP 耗电量、人均公园绿地面积还是节能环保占比方面，两地
的差距相对于其他大多数同城化地区都更小。

（1）经济发展。经济发展层面包含了人均 GDP 差距、产业结构差距及劳动生产率差距三个指标（表 8.3，图 8.6—8.8）。

在人均 GDP 差距上，苏锡常标准化后的指标得分为 1，处于 11 个同城化地区首位；广佛与甬舟人均 GDP 差距指标得分分别为 0.98 和 0.97，分列第二、第三；人均 GDP 差距指标位列第 4—11 位的地区依次为沪苏（0.93）、杭绍（0.81）、宁镇扬（0.81）、厦漳泉（0.73）、成德眉资（0.52）、长株潭（0.45）、深莞（0）。从实际情况来看，2019 年，苏州人均 GDP 为 17.9 万元，无锡为 17.9 万元，常州为 15.6 万元，三地平均差距仅 1 万多元；同年，深圳人均 GDP 为 20 万元，东莞仅 11.2 万元，两地差距达到 8 万多元。

在产业结构差距上，苏锡常的标准化指标得分为 1，位列第一；长株潭与甬舟产业结构差距指标得分分别为 0.72 和 0.71，分列第二、第三；产业结构差距指标位列第 4—11 位的地区依次为厦漳泉（0.68）、宁镇扬（0.64）、深莞（0.58）、成德眉资（0.47）、杭绍（0.43）、杭嘉湖（0.38）、沪苏（0.62）、广佛（0）。从实际情况来看，2019 年，苏州、无锡及常州的第三产业与第二产业产值比例均接近 1.1，份额都比较接近；同年，广州的第三产业与第二产业产值比例为 2.6，佛山的第三产业与第二产业产值比例仅 0.8，两地差距较大。

在劳动生产率差距上，沪苏标准化后的指标得分为 1，处于 11 个同城化地区首位；广佛与厦漳泉的劳动生产率差距指标得分分别为 0.96 和 0.93，分列第二、第三；劳动生产率差距指标位列第 4—11 位的地区依次为宁镇扬（0.92）、甬舟（0.87）、苏锡常（0.78）、杭绍（0.70）、杭嘉湖（0.68）、深莞（0.51）、成德眉资（0.40）、长株潭（0）。

表 8.3
经济发展指数

	苏锡常	沪苏	广佛	深莞	宁镇扬	杭绍	甬舟	成德眉资	厦漳泉	长株潭	杭嘉湖
人均 GDP 差距	1.00	0.93	0.98	0.00	0.81	0.81	0.97	0.52	0.73	0.45	0.59
产业结构差距	1.00	0.14	0.00	0.58	0.64	0.43	0.71	0.47	0.68	0.72	0.38
劳动生产率差距	0.78	1.00	0.96	0.51	0.92	0.70	0.87	0.40	0.93	0.00	0.68

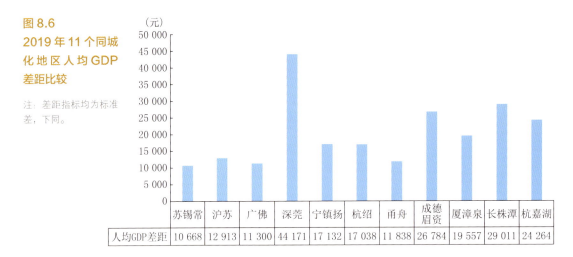

图 8.6
2019 年 11 个同城
化地区人均 GDP
差距比较

注：差距指标均为标准
差，下同。

（元）

	苏锡常	沪苏	广佛	深莞	宁镇扬	杭绍	甬舟	成德眉资	厦漳泉	长株潭	杭嘉湖
人均GDP差距	10 668	12 913	11 300	44 171	17 132	17 038	11 838	26 784	19 557	29 011	24 264

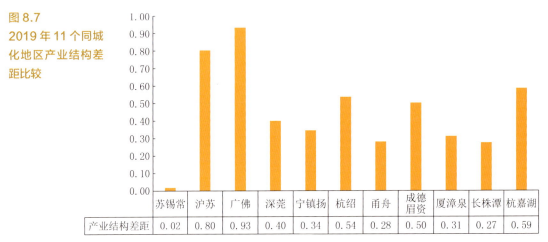

图 8.7
2019 年 11 个同城
化地区产业结构差
距比较

	苏锡常	沪苏	广佛	深莞	宁镇扬	杭绍	甬舟	成德眉资	厦漳泉	长株潭	杭嘉湖
产业结构差距	0.02	0.80	0.93	0.40	0.34	0.54	0.28	0.50	0.31	0.27	0.59

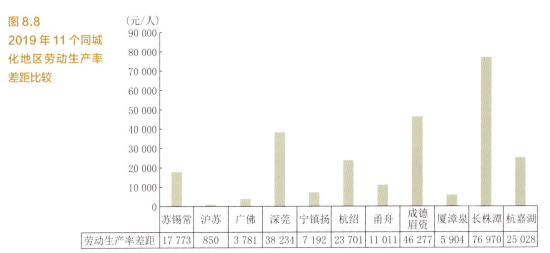

图 8.8
2019 年 11 个同城
化地区劳动生产率
差距比较

（元/人）

	苏锡常	沪苏	广佛	深莞	宁镇扬	杭绍	甬舟	成德眉资	厦漳泉	长株潭	杭嘉湖
劳动生产率差距	17 773	850	3 781	38 234	7 192	23 701	11 011	46 277	5 904	76 970	25 028

（2）基础设施。基础设施层面包含了万人轨道交通长度差距、公路路网密度差距及互联网普及率差距三个指标（表8.4，图8.9—8.11）。

在万人轨道交通长度差距上，苏锡常标准化后的指标得分为1，处于11个同城化地区首位；长株潭与甬舟的万人轨道交通长度差距指标均为0.99，分列第二、第三；万人轨道交通长度差距指标位列第4—11位的地区依次是杭嘉湖（0.97）、杭绍（0.95）、沪苏（0.93）、厦漳泉（0.85）、深莞（0.75）、成德眉资（0.64）、广佛（0.44）、宁镇扬（0）。从实际情况来看，2019年，苏州、无锡、常州的万人轨道交通长度分别为0.2公里、0.1公里、0.1公里，差距不大；宁镇扬地区仅有南京开通轨道交通，其万人轨道交通长度达到0.46公里，而镇江及扬州均未开通，导致该地区差距较大。

在公路路网密度差距上，甬舟标准化后的指标得分为1，处于十个同城化地区首位；广佛与杭绍的公路路网密度差距指标得分分别为0.99和0.94，分列第二、第三；公路路网密度差距指标位列第4—11位的地区依次是长株潭（0.92）、宁镇扬（0.86）、厦漳泉（0.77）、苏锡常（0.75）、沪苏（0.67）、杭嘉湖（0.6）、成德眉资（0.26）、深莞（0）。从实际情况来看，2019年，宁波的公路路网密度为1.15公里/平方公里，舟山的公路路网密度为1.3公里/平方公里，两地差距较小；深圳的公路路网密度为0.4公里/平方公里，东莞的公路路网密度为2.1公里/平方公里，两地差距较大。

在互联网普及率差距上，广佛标准化后的指标得分为1，处于11个同城化地区首位；甬舟与苏锡常的互联网普及率差距指标得分分别为0.95和0.82，分列第二、第三；互联网普及率差距指标位列第4—11位的地区依次是杭绍（0.72）、长株潭（0.58）、宁镇扬（0.47）、成德眉资（0.43）、厦漳泉（0.42）、深莞（0.31）、杭嘉湖（0.18）、沪苏（0）。从实际情况来看，2019年，广州互联网普及率为0.369户/人，佛山互联网普及率为0.378户/人，水平非常接近；上海互联网普及率为0.36户/人，苏州互联网普及率为0.62户/人，两地差距较大。

表 8.4
基础设施指数

	苏锡常	沪苏	广佛	深莞	宁镇扬	杭绍	甬舟	成德眉资	厦漳泉	长株潭	杭嘉湖
万人轨道交通长度差距	1.00	0.93	0.44	0.75	0.00	0.95	0.99	0.64	0.85	0.99	0.97
公路路网密度差距	0.75	0.67	0.99	0.00	0.86	0.94	1.00	0.26	0.77	0.92	0.60
互联网普及率差距	0.82	0.00	1.00	0.31	0.47	0.72	0.95	0.43	0.42	0.58	0.18

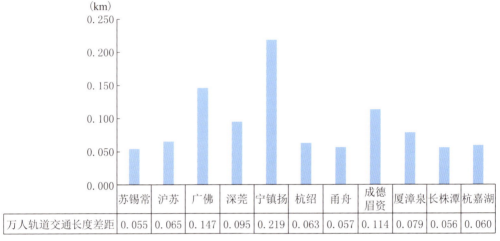

图 8.9
2019 年 11 个同城化地区万人轨道交通长度差距比较

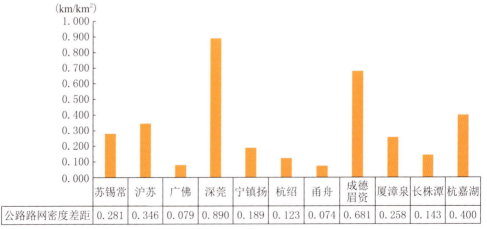

图 8.10
2019 年 11 个同城化地区公路路网密度差距比较

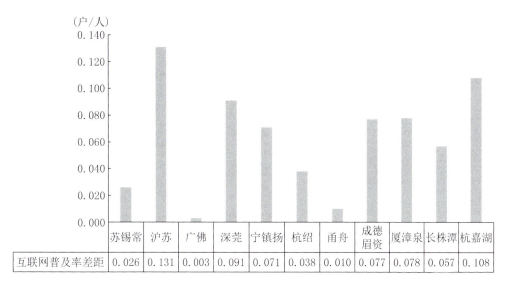

（户/人）	苏锡常	沪苏	广佛	深莞	宁镇扬	杭绍	甬舟	成德眉资	厦漳泉	长株潭	杭嘉湖
互联网普及率差距	0.026	0.131	0.003	0.091	0.071	0.038	0.010	0.077	0.078	0.057	0.108

图 8.11
2019 年 11 个同城化地区互联网普及率差距比较

（3）社会福利。社会福利指数主要为了反映同城化地区的共同富裕，包含人均就业保障支出差距、转移支付占财政支出比重差距、人均可支配收入差距、人均预期寿命差距及每万人普通高校在校生差距五个指标（表 8.5，图 8.12—8.16）。

在人均就业保障支出差距指标上，成德眉资标准化后的指标得分为 1，处于 11 个同城化地区首位；苏锡常与甬舟的人均就业保障支出差距指标得分分别为 0.97 和 0.93，分列第二、第三；人均就业保障支出差距指标位列第 4—11 位的地区依次是长株潭（0.81）、厦漳泉（0.76）、杭绍（0.76）、宁镇扬（0.74）、深莞、（0.73）、广佛（0.63）、杭嘉湖（0.61）、沪苏（0）。可以看到，沪苏地区在人均就业保障方面的差距明显大于其他同城化地区。从实际情况来看，2019 年，成德眉资地区的人均就业保障支出分别为 1 141.4 元／人、1 075.1 元／人、1 075.6 元／人及 1 050 元／人，水平非常接近；上海的人均就业保障支出为 4 029.7 元／人，大大高于苏州的 1 832.5 元／人。

在转移支付占财政支出比重差距上，深莞标准化后的指标得分为 1，处于 11 个同城化地区首位；苏锡常与成德眉资落后深莞较多，转移支付占财政支出比重差距指标得分分别为 0.69 和

0.68，分列第二、第三；转移支付占财政支出比重差距指标位列第4—11位的地区依次是杭绍（0.57）、广佛（0.55）、沪苏（0.45）、甬舟（0.41）、杭嘉湖（0.28）、宁镇扬（0.26）、长株潭（0.14）、厦漳泉（0）。从实际情况来看，2019年，深圳与东莞转移支付占财政支出比重分别为22.5%与25.4%，水平接近；厦漳泉地区的漳州转移支付占财政支出比重达到了46.1%，厦门为20.6%，泉州仅14.5%，三地差距较大。

在人均可支配收入差距上，甬舟标准化的指标得分为1，处于11个同城化地区首位；沪苏与深莞人均可支配收入差距指标得分分别为0.88和0.69，分列第二、第三；人均可支配收入差距指标位列第4—11位的地区依次是成德眉资（0.65）、广佛（0.51）、杭绍（0.32）、长株潭（0.3）、杭嘉湖（0.09）、宁镇扬（0.07）、苏锡常（0.04）、厦漳泉（0）。从实际情况来看，2019年，宁波人均可支配收入为64 886元，舟山人均可支配收入为61 479元，两地水平接近；厦门人均可支配收入为59 018元，泉州人均可支配收入为49 591元，漳州人均可支配收入为38 974元，三地差距较明显。

在人均预期寿命差距上，沪苏标准化后的指标得分为1，处于11个同城化地区首位；杭嘉湖与苏锡常与的人均预期寿命差距指标得分分别为0.82和0.80，分列第二、第三；人均预期寿命差距指标位列第4—11位的地区依次是广佛（0.76）、长株潭（0.71）、杭绍（0.63）、甬舟（0.6）、深莞（0.49）、厦漳泉（0.38）、宁镇扬（0.20）及成德眉资（0）。从实际情况来看，2019年，上海的人均预期寿命为83.7岁，苏州的人均预期寿命为83.8，几乎相同；成德眉资地区仅有成都的预期寿命超过80.0，达到81.0岁，德阳、眉山及资阳的人均预期寿命分别为77.7、77.3及76.0岁，差距明显。

在每万人普通高校在校生差距上，沪苏标准化后的指标得分为1，处于11个同城化地区首位；甬舟与苏锡常的每万人普通高校在校生差距指标得分分别为0.98和0.95，分列第二、第三；每万人普通高校在校生差距指标位列第4—11位的地区依次是深莞

（0.93）、厦漳泉（0.72）、杭绍（0.61）、成德眉资（0.42）、长株潭（0.40）、广佛（0.19）、宁镇扬（0）。从实际情况来看，2019年，上海每万人普通高校在校生为212.2人，苏州每万人普通高校在校生为226.8人，虽处于教育强市上海旁边，但表现依然亮眼，沪苏两地水平接近；宁镇扬地区南京每万人普通高校在校生达到1 032人，镇江与扬州分别为312人与213人，由于南京市一家独大，差距明显。

表8.5
社会福利指数

	苏锡常	沪苏	广佛	深莞	宁镇扬	杭绍	甬舟	成德眉资	厦漳泉	长株潭	杭嘉湖
人均就业保障支出差距	0.97	0.00	0.63	0.73	0.74	0.76	0.93	1.00	0.76	0.81	0.61
转移支付占财政支出比重差距	0.69	0.45	0.55	1.00	0.26	0.57	0.41	0.68	0.00	0.14	0.28
人均可支配收入差距	0.04	0.88	0.51	0.69	0.07	0.32	1.00	0.65	0.30	0.09
人均预期寿命差距	0.80	1.00	0.76	0.49	0.20	0.63	0.60	0.00	0.38	0.71	0.82
每万人普通高校在校生差距	0.95	1.00	0.19	0.93	0.00	0.61	0.98	0.42	0.72	0.40	0.50

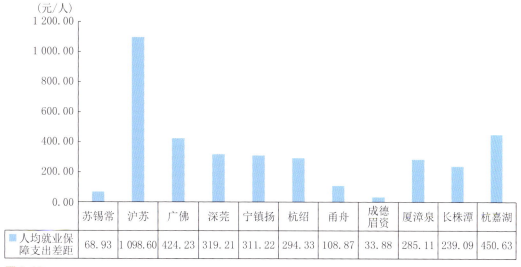

（元/人）

	苏锡常	沪苏	广佛	深莞	宁镇扬	杭绍	甬舟	成德眉资	厦漳泉	长株潭	杭嘉湖
人均就业保障支出差距	68.93	1 098.60	424.23	319.21	311.22	294.33	108.87	33.88	285.11	239.09	450.63

图8.12
2019年11个同城化地区人均就业保障支出差距比较

图 8.13
2019 年 11 个同城
化地区转移支付水平
差距比较

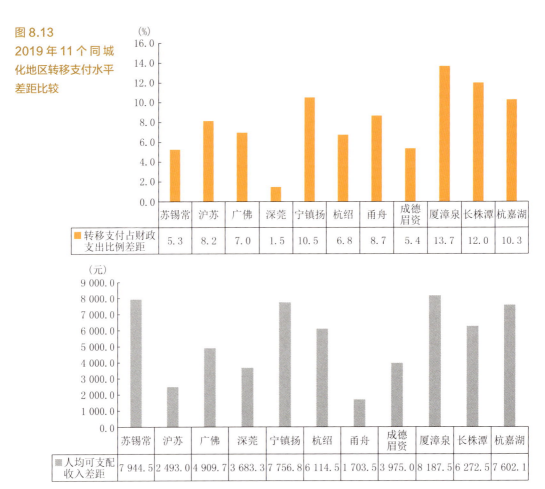

	苏锡常	沪苏	广佛	深莞	宁镇扬	杭绍	甬舟	成德眉资	厦漳泉	长株潭	杭嘉湖
转移支付占财政支出比例差距	5.3	8.2	7.0	1.5	10.5	6.8	8.7	5.4	13.7	12.0	10.3

	苏锡常	沪苏	广佛	深莞	宁镇扬	杭绍	甬舟	成德眉资	厦漳泉	长株潭	杭嘉湖
人均可支配收入差距	7 944.5	2 493.0	4 909.7	3 683.3	7 756.8	6 114.5	1 703.5	3 975.0	8 187.5	6 272.5	7 602.1

图 8.14
2019 年 11 个同城化地区人均可支配收入差距比较

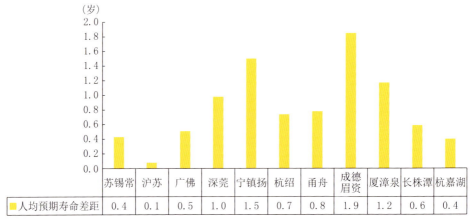

	苏锡常	沪苏	广佛	深莞	宁镇扬	杭绍	甬舟	成德眉资	厦漳泉	长株潭	杭嘉湖
人均预期寿命差距	0.4	0.1	0.5	1.0	1.5	0.7	0.8	1.9	1.2	0.6	0.4

图 8.15
2019 年 11 个同城化地区人均预期寿命差距比较

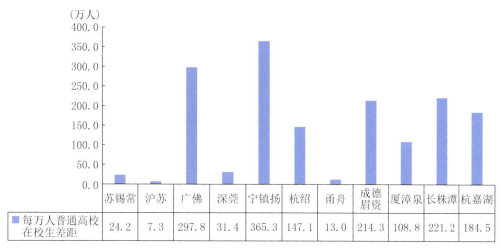

	苏锡常	沪苏	广佛	深莞	宁镇扬	杭绍	甬舟	成德眉资	厦漳泉	长株潭	杭嘉湖
■每万人普通高校在校生差距	24.2	7.3	297.8	31.4	365.3	147.1	13.0	214.3	108.8	221.2	184.5

图 8.16
2019 年 11 个同城化地区教育水平差距比较

（4）生态环境。生态环境层面包含了单位 GDP 耗电量差距、人均公园绿地面积差距及节能环保占财政支出比重差距三个指标（表 8.6，图 8.17—8.19）。

在单位 GDP 耗电量差距上，厦漳泉标准化后的指标得分为 1，处于 11 个同城化地区首位；苏锡常与宁镇扬的单位 GDP 耗电量差距指标得分分别为 0.83 和 0.73，分列第二、第三；单位 GDP 耗电量差距指标位列第 4—11 位的地区依次是长株潭（0.71）、甬舟（0.71）、广佛（0.64）、杭绍（0.56）、沪苏（0.30）、成德眉资（0.25）、杭嘉湖（0.24）、深莞（0）。从实际情况来看，2019 年，厦门的单位 GDP 耗电量为 472 千瓦时 / 万元，漳州的单位 GDP 耗电量为 542 千瓦时 / 万元，泉州的单位 GDP 耗电量为 518 千瓦时 / 万元，标准差仅 29；深圳的单位 GDP 耗电量为 365 千瓦时 / 万元，东莞的单位 GDP 耗电量超过了深圳的 2 倍，达到 897 千瓦时 / 万元。

在人均公园绿地面积差距上，长株潭标准化后的指标得分为 1，处于 11 个同城化地区首位；苏锡常与甬舟的人均公园绿地面积差距指标得分分别为 0.99 和 0.87，分列第二、第三；人均公园绿地面积差距指标位列第 4—11 位的地区依次是成德眉资（0.84）、沪苏（0.82）、杭绍（0.82）、杭嘉湖（0.75）、宁镇扬（0.65）、厦漳泉（0.47）、深莞（0.12）、广佛（0）。从实际情况来看，2019年，长沙的人均公园绿地面积为 5.3 平方米，株洲的人均公园绿地面积为 4.1 平方米，湘潭的人均公园绿地面积为 3.4 平方米；广州的人均公园绿地面积为 21.0 平方米，佛山仅 4.2 平方米。

在节能环保占财政支出比重差距上，深莞标准化后的指标得分为 1，处于 11 个同城化地区首位；杭绍与沪苏的节能环保占财政支出比重差距指标得分分别为 0.98 和 0.85，分列第二、第三；节能环保占财政支出比重差距指标位列第 4—11 位的地区依次是广佛（0.84）、长株潭（0.79）、甬舟（0.78）、宁镇扬（0.70）、苏锡常（0.67）、成德眉资（0.66）、杭嘉湖（0.46）、厦漳泉（0）。从实际情况来看，2019 年，深圳的节能环保占财政支出比重为

表 8.6
生态环境指数

	苏锡常	沪苏	广佛	深莞	宁镇扬	杭绍	甬舟	成德眉资	厦漳泉	长株潭	杭嘉湖
单位 GDP 耗电量差距	0.83	0.30	0.64	0.00	0.73	0.56	0.71	0.25	1.00	0.71	0.24
人均公园绿地面积差距	0.99	0.82	0.00	0.12	0.65	0.82	0.87	0.84	0.47	1.00	0.75
节能环保占财政支出比重差距	0.67	0.85	0.84	1.00	0.70	0.98	0.78	0.66	0.00	0.79	0.46

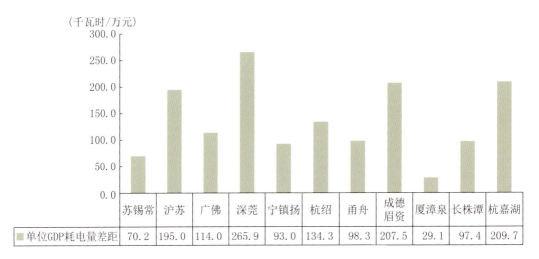

图 8.17
2019 年 11 个同城化地区单位 GDP 耗电量差距比较

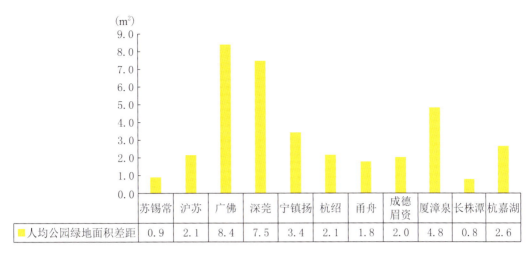

	苏锡常	沪苏	广佛	深莞	宁镇扬	杭绍	甬舟	成德眉资	厦漳泉	长株潭	杭嘉湖
■ 人均公园绿地面积差距	0.9	2.1	8.4	7.5	3.4	2.1	1.8	2.0	4.8	0.8	2.6

图 8.18
2019 年 11 个同城化地区人均公园绿地面积差距比较

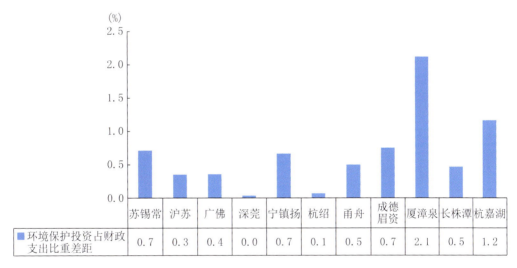

	苏锡常	沪苏	广佛	深莞	宁镇扬	杭绍	甬舟	成德眉资	厦漳泉	长株潭	杭嘉湖
■ 环境保护投资占财政支出比重差距	0.7	0.3	0.4	0.0	0.7	0.1	0.5	0.7	2.1	0.5	1.2

图 8.19
2019 年 11 个同城化地区节能环保占财政支出比重差距比较

7.3%，东莞的节能环保占财政支出比重为 7.2%，两地水平接近；厦门的节能环保占财政支出比重为 7.1%，漳州的节能环保占财政支出比重为 3.6%，泉州的节能环保占财政支出比重仅为 2.0%，三地区差距比较明显。

8.2 影响同城化水平的因素分析

上述分析结果表明，各同城化地区在经济发展、基础设施、社会福利和生态环境等领域均呈现不同程度的差异。这一现象背后的原因较为复杂，需要深入各层面进行分析。课题组将根据各层级指标对同城化指数的贡献率，找出分析各领域阻碍同城化的落脚点，并结合具体指标，挖掘同城化地区发展差距形成的深层原因。

总体来看，相关性对同城化的贡献率高于相似性对同城化的贡献率。表8.7显示，城市间的相关性在深莞、广佛及沪苏地区的同城化中贡献最大，分别达到86.3%、79.8%和74.8%，处于11个同城化地区的前三。相反，成德眉资和长株潭地区的相似性贡献度高于大多地区，相关性贡献度低于平均值，较低的城市间联系水平制约了地区的同城化发展，这一结果与上文测算的两地区同城化水平基本处于末尾的结论一致。

表 8.7
两个维度对同城化的贡献率（%）

	苏锡常	沪苏	广佛	深莞	宁镇扬	杭绍	甬舟	成德眉资	厦漳泉	长株潭	杭嘉湖
相关性	57.6	74.8	79.8	86.3	56.1	66.4	43.7	45.0	58.4	41.5	68.1
相似性	42.4	25.2	20.2	13.7	43.9	33.6	56.3	55.0	41.6	58.5	31.9

在具体层面上，不同地区的贡献率分布存在较大差异（表8.8）。深莞、广佛及沪苏等同城化水平较高的地区，各层面的贡献率水平接近，并不存在明显短板。宁镇扬、成德眉资及长株潭等同城化程度相对较低的地区，参差不齐的贡献率影响着地区的同城化水平。

苏锡常地区相关性维度中的交通联系程度对同城化的贡献率水平最高，达到22.1%，人员往来程度、文化认同度及空间一体化程度的贡献率分别为7.8%、16.9%及10.8%；相似性维度上，经济发展水平差距、基础设施水平差距、社会福利水平差距及生态环境水平差距的贡献率分别是14.9%、8.8%、9.3%及9.4%。

表 8.8
八个层面对同城化的贡献率（%）

八个层面		苏锡常	沪苏	广佛	深莞	宁镇扬	杭绍	甬舟	成德眉资	厦漳泉	长株潭	杭嘉湖
相关性	人员往来程度	7.8	24.8	32.8	34.4	9.3	10.3	4.7	13.9	7.6	9.7	12.9
	交通联系程度	22.1	12.8	12.9	11.2	23.5	29.3	0.9	11.5	16.7	23.8	10.9
	文化认同度	16.9	14.6	11.7	10.1	4.7	17.1	22.9	12.1	29.4	2.2	31.2
	空间一体化程度	10.8	22.5	22.4	30.7	18.5	9.7	15.3	7.6	4.8	5.9	13.1
相似性	经济发展水平差距	14.9	6.8	5.4	1.7	17.3	5.9	12.7	8.5	13.3	9.1	7.0
	基础设施水平差距	8.8	3.6	7.9	1.4	8.7	11.0	17.6	7.9	8.4	18.4	9.4
	社会保障水平差距	9.3	9.9	3.5	7.7	4.8	6.3	15.9	24.0	5.5	9.6	8.9
	生态环境水平差距	9.4	4.9	3.4	3.0	13.2	10.4	10.1	14.6	14.3	21.3	6.6

沪苏地区相关性维度的各层面对同城化的贡献率水平普遍较高，贡献率最高的是人员往来程度和空间一体化程度，分别达到 24.8% 和 22.5%，交通联系程度及文化认同度的贡献率相对低一些；相似性维度上，各层面对同城化的贡献率也大致相同，经济发展水平差距、基础设施水平差距、社会福利水平差距及生态环境水平差距的贡献率分别是 6.8%、3.6%、9.9% 及 4.9%。

广佛地区相关性维度的各层面对同城化的贡献率水平普遍较高，人员往来程度、交通联系程度、文化认同度及空间一体化程度的贡献率分别是 32.8%、12.9%、11.7% 及 22.4%；相似性维度上，经济发展水平差距、基础设施水平差距、社会保障水平差距及生态环境水平差距的贡献率分别是 5.4%、7.9%、3.5% 及 3.4%。

深莞地区相关性维度的各层面对同城化的贡献率水平和广佛类似，人员往来程度、交通联系程度、文化认同度及空间一体化程度的贡献率分别是 34.4%、11.2%、10.1% 及 30.7%；相似性维度上，经济发展水平差距、基础设施水平差距、社会保障水平差距及生态环境水平差距的贡献率分别是 1.7%、1.4%、7.7% 及 3.0%。

宁镇扬地区相关性维度的各层面对同城化的贡献率差距较大，贡献率最高的是交通联系程度，达到 23.5%，文化认同度贡献率仅 4.7%，一定程度上阻碍了该地区的同城化；相似性维度上，经济发展水平差距和生态环境水平差距的贡献率较高，分别为 17.3% 和 13.2%，基础设施水平差距和社会保障水平差距的贡献率相对较低，分别为 8.7% 和 4.8%。

杭绍地区相关性维度的各层面对同城化的贡献率差异较大，交通联系程度及文化认同度的贡献率分别达到 29.3% 和 17.1%，人员往来程度和空间一体化程度的贡献率仅 10.3% 和 9.7%；相似性维度上，经济发展水平差距、基础设施水平差距、社会保障水平差距及生态环境水平差距的贡献率分别是 5.9%、11.0%、6.3% 及 10.4%。

甬舟地区相关性维度上仅文化认同度和空间一体化程度对同城化有较大贡献，人员往来程度和交通联系程度贡献率较低，一定程度上阻碍了该地区的同城化；相似性维度上，各层面对同城化的贡献率差异较小，经济发展水平差距、基础设施水平差距、社会保障水平差距及生态环境水平差距的贡献率分别是 12.7%、17.6%、15.9% 及 10.1%。

成德眉资地区相关性维度的各层面对同城化的贡献率差异较大，人员往来程度、交通联系程度和文化认同度的贡献率分别为 13.9%、11.5% 和 12.1%，空间一体化程度贡献率较低，阻碍了该地区的同城化；相似性维度上，经济发展水平差距、基础设施水平差距、社会保障水平差距及生态环境水平差距的贡献率分别是 8.5%、7.9%、24.0% 及 14.6%。

厦漳泉地区相关性维度的各层面对同城化的贡献率差异较大，

交通联系程度和文化认同度的贡献率分别为 16.7% 和 29.4%，人员往来程度和空间一体化程度贡献率较低，阻碍了该地区的同城化；相似性维度上，经济发展水平差距、基础设施水平差距、社会保障水平差距及生态环境水平差距的贡献率分别是 13.3%、8.4%、5.5% 及 14.3%。

与厦漳泉类似，长株潭地区相关性维度的各层面对同城化的贡献率也存在较大差异，交通联系程度的贡献率为 23.8%，人员往来程度、文化认同度和空间一体化程度贡献率较低，阻碍了该地区的同城化；相似性维度上，经济发展水平差距、基础设施水平差距、社会保障水平差距及生态环境水平差距的贡献率分别是9.1%、18.4%、9.6% 及 21.3%。

杭嘉湖地区相关性维度的各层面对同城化的贡献率也存在较大差异，文化认同度的贡献率为 31.2%，人员往来程度、交通联系程度和空间一体化程度贡献率相对较低，阻碍了该地区的同城化；相似性维度上，经济发展水平差距、基础设施水平差距、社会保障水平差距及生态环境水平差距的贡献率分别是7.0%、9.4%、8.9% 及 6.6%。

从相似性的具体指标来看，各地区的同城化贡献率分布也存在较大差异，社会福利层面存在较明显的不足（表 8.9）。2019 年，苏锡常地区的产业结构和人均 GDP 差距指标对两地同城化贡献率最高，分别达到 8.8% 和 4.1%，人均可支配收入差距、节能环保占财政支出比重差距和公路路网密度差距指标对同城化贡献率较低。沪苏地区的人均 GDP 差距、劳动生产率差距和人均预期寿命差距指标对两地同城化贡献率最高最高，互联网普及率差距及人均就业保障支出差距指标对同城化贡献率较低。广佛地区的人均 GDP 差距和互联网普及率差距指标对同城化贡献率最高，每万人普通高校在校生差距和人均公园绿地面积指标对同城化贡献率较低。深莞地区的转移支付占财政支出比例差距和节能环保占财政支出比重差距指标对同城化贡献率最高，人均 GDP 差距及单位 GDP 耗电量差距指标对同城化贡献率较低。宁镇扬地区的劳动生产率差距、单位 GDP 耗电量差距及产业结构差距指标对同城化贡献率较高，而万人轨道交通长度差距和每万人普通高校在校生差距指标对同城化贡献率较低。杭绍地区各指标对同城化的贡献率相对均衡，万人轨道交通长度差距和节能环保占财政支出比重差距指标对同城化贡献率较高。甬舟地区在经济发展水平差距、基础设施水平差距和生态环境水平差距三个层面均有贡献率较高

表 8.9
各相似性指标对同城化的贡献率（%）

指标层	苏锡常	沪苏	广佛	深莞	宁镇扬	杭绍	甬舟	成德眉资	厦漳泉	长株潭	杭嘉湖
经济发展水平差距											
人均 GDP 差距	4.1	2.8	2.7	0.1	4.8	2.7	5.0	2.6	2.9	1.5	2.1
产业结构差距	8.8	0.3	0.1	1.1	5.3	1.3	4.1	4.1	4.7	7.3	1.9
CPI 差距	1.9	3.6	2.5	0.5	7.2	1.8	3.6	1.8	5.8	0.3	3.0
基础设施水平差距											
万人轨道交通长度差距	3.2	2.2	0.3	0.8	0.3	3.4	4.2	3.2	3.4	7.3	6.2
公路路网密度差距	1.7	1.1	2.7	0.1	5.7	4.1	5.4	1.1	3.3	7.1	2.3
互联网普及率差距	3.9	0.2	4.9	0.4	2.8	3.5	8.0	3.5	1.8	4.1	1.0
社会福利水平差距											
人均就业保障支出差距	2.3	0.05	0.4	0.6	2.2	1.3	2.7	8.9	1.8	3.0	1.2
转移支付占财政支出比例差距	2.1	0.8	0.9	4.0	1.0	1.7	1.0	6.9	0.3	0.7	1.0
人均可支配收入差距	0.3	3.1	0.8	1.2	0.7	0.9	6.9	6.1	0.5	1.5	0.7
人均预期寿命差距	2.0	3.5	1.2	0.4	0.5	1.3	1.3	0.4	0.8	3.4	4.5
每万人普通高校在校生差距	2.6	2.6	0.2	1.5	0.3	1.1	3.9	1.7	2.2	1.1	1.4
生态环境水平差距											
单位 GDP 耗电量差距	4.0	0.6	1.5	0.1	6.5	2.0	3.6	1.8	12.7	6.4	1.1
人均公园绿地面积差距	4.1	2.1	0.1	0.2	3.3	3.0	3.9	8.6	1.4	10.1	4.2
节能环保占财政支出比重差距	1.3	2.2	1.8	2.7	3.3	5.4	2.7	4.2	0.2	4.9	1.3

的指标，而在社会福利层面相对较弱。成德眉资的人均就业保障支出差距和人均公园绿地面积差距指标对同城化贡献率较高，劳人均预期寿命差距指标贡献率相对较低。与甬舟地区类似，厦漳泉地区和长株潭地区在经济发展水平差异、基础设施水平差异和生态环境水平差异三个层面均有贡献率较高的指标，而在社会福利层面也相对较弱。杭嘉湖地区的万人轨道交通长度和人均预期寿命差距指标对同城化贡献率最高，分别达到 6.2% 和 4.5%，转移支付占财政支出比例差距和互联网普及率差距指标贡献率相对较低。

需要注意的是，同城化的影响因素并非一成不变。我们以沪苏地区为例，计算了近五年相似性维度的贡献率。2015—2019 年，对沪苏地区同城化水平贡献率最高的因素来自社会福利水平的发展，贡献率分别为 37.9%、38.9%、41.4%、33.9%、35.5%。基础设施水平方面，贡献率分别为 24.6%、17.1%、18.2%、18.1%、16.3%。经济发展水平方面，贡献率分别为 23.7%、26.9%、24.2%、21.7%、35%。可以看到，其重要性有较大提升。生态环境方面，贡献率分别为 13.9%、17.1%、16.2%、21.7%、13.2%，表现极不稳定（图 8.20）。因此，有必要以动态的眼光去看待地区的同城化问题。

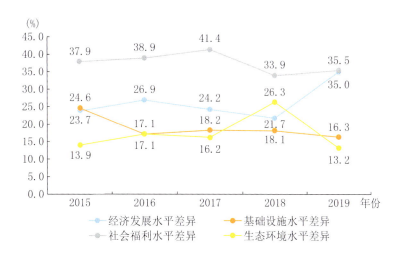

图 8.20
沪苏地区同城化贡献率
（相似性维度）

在相似性维度上，不同的同城化地区具有不同的比较优势。从指数分析中可以明显看到，广佛和宁镇扬地区在经济发展方面差距较小，深莞和沪苏地区在社会福利方面差距较小，甬舟地区在基础设施方面差距较小，长株潭和厦漳泉地区则在生态环境方面具有较高的相似性。然而，这些优势从历史的维度来看，并非一成不变。因此，各同城化地区在未来的发展过程中，应首先保证城市间的互联互通，充分利用天然的优势与政策机遇，通过加强优势领域的合作来提升同城化水平。

8.3 关于同城化的一些认知

指标测算结果表明，我们的权重设置是符合经验判断的，是相对合理的。例如，课题组认为，城市间的联系程度即相关性更大程度地影响着各地区的同城化进程，对于互联水平较低的地区有着天然的不利影响。同城化的主要驱动因素是市场化水平和发展水平，这就很好地解释了为什么广佛、深莞和沪苏地区排名靠前，而成德眉资和长株潭地区排名相对靠后。

同城化是中心城市的要素、产业向周边城市转移、辐射和溢出的结果。与此同时，两个或多个城市的市场、制度和管理系统逐步一体化。同城化现象在城市化、城市集群中出现并深化，是一个市场主导、政府引导的客观进程。这种转移、辐射和溢出主要受到地理、交通和文化的影响。

地理方面，沿海中心城市有开放的优势，但转移、辐射和溢出的方向少于内陆中心城市。例如，上海陆域相邻的只有苏州和嘉兴。杭州、南京则在四个方向与周边城市相邻。以杭州为例，杭州与东南的绍兴、东面的嘉兴、东北的湖州、西面的诸暨都在发生着同城化。交通方面，以上海和南通为例。由于受到长江的阻隔，两地同城化的进程始终落后于陆域相邻的沪苏地区。广州和佛山，由于存在城际轨道交通，同城化水平明显高于中国其他地区。文化方面，广佛、深莞及沪苏地区均文化同源、语言相通，这几个地区有着较高的内部认同度及同城化水平。

同城化必然地发生在经济发展水平较高的地区。在中国经济发展水平最高的珠三角和长三角，同城化水平也达到较高水平。在我们选取的同城化地区中，珠三角有两个：广佛和深莞，并在同城化指数排名中位居第一和第二。事实上，珠三角的深港、珠澳，就经济发展、交通连接、社会联系和文化同脉而言，都达到了很高的同城化水平，但由于两种货币、两种税制等因素，难以进行指标的量化测算，故没有进入"中国同城化指数"的榜单。长三角有六个：沪苏（州）、苏锡常、宁镇扬、杭绍、甬舟和杭嘉湖。苏州南与上海同城化，北与无锡、常州同城化。南京亦是如此，与东南面的镇江和东北面的扬州均有较高的同城化水平。同时，西邻的安徽省马鞍山市也进入了《南京都市圈发展规划》。

还有三个同城化地区也在这个榜单中，它们是地处中国东南一隅的福建省厦漳泉地区；中部的湖南省长株潭地区和西南的四川省成德眉资地区。不言而喻，中部和西南部的两个同城化地区，目前的发展水平还比较低。

我们也考虑过将北京和天津作为一个同城化地区，亦曾有关于京津同城化的研究。但是，北京和天津是两个直辖市，各自有着相对完整的城市系统，它们将分别与周边的中小城市同城化，但这两个城市间的同城化，可能还要经历更长的发展和改革过程。我们将京津同城化纳入现有指标体系的进行排名，它位居末位，就说明了这个判断是正确的。

最后，需要强调的是，同城化是一个市场主导、政府引导的演化过程，它必然地发生在经济社会发展水平较高的地区。"中国同城化指数"表明，在中国经济社会发展水平最高的珠三角和长三角地区，同城化水平也达到了较高水平，或者说，区域一体化发展达到了较高水平。

参考文献

［1］阿瑟·奥莎利文:《城市经济学》(第八版),北京大学出版社 2015 年版。

［2］保罗·诺克斯、琳达·迈克卡西:《城市化》,科学出版社 2011 年版。

［3］蔡丰明:《吴文化与海派文化的关系及影响》,《江南论坛》2007 年第 6 期。

［4］曾群华、徐长乐、邓江楼、俞琪:《沪苏嘉一体化进程中的同城化研究》,《华东经济管理》2012 年第 3 期。

［5］曾群华:《新制度经济学视角下的长三角同城化研究》,华东师范大学,2011 年。

［6］曾群华:《长株潭一体化进程中的同城化研究》,《求索》2016 年第 2 期。

［7］曾月娥、伍世代、李永实、陈志强:《海西经济区同城化的地学透视——以厦漳同城化为例》,《贵州大学学报(自然科学版)》2012 年第 1 期。

［8］曾月娥、伍世代、李永实、陈志强:《基于潜能模型的城市同城化透视——以厦门漳州两市为例》,《重庆师范大学学报(自然科学版)》2012 年第 5 期。

［9］陈少杰、沈丽珍:《基于腾讯位置大数据的三地同城化地区人口流动时空间特征研究》,《现代城市研究》2019 年第 11 期。

［10］丁睿、李海旗:《成都经济区"同城化"规划建设工作的思考》,《四川建筑》2010 年第 4 期。

［11］丁维莉、陆铭:《教育的公平与效率是鱼和熊掌吗——基础教育财政的一般均衡分析》,《中国社会科学》2005 年第 6 期。

［12］范弘雨:《宁夏沿黄城市群的同城化构想——解读宁夏打造"黄河金岸"发展战略》,《宁夏党校学报》2008 年第 6 期。

［13］郝良峰、邱斌:《基于同城化与产业同构效应的城市层级体系研究——以长三角城市群为例》,《重庆大学学报(社会科学版)》2016 年第 1 期。

［14］何志超、郭青海、杨一夫、肖黎姗:《基于 POI 数据的厦漳泉同城

化进展评估》，《规划师》2018 年第 4 期。

［15］李红、董超：《对同城化发展的几点思考》，《安徽农业科学》2010
年第 13 期。

［16］李王：《城市经济圈同城化效应的国内比较及启示》，《特区经济》
2010 年第 3 期。

［17］李祥妹、杜渐、沈建芬：《基于地理加权回归模型的宁镇扬地区同城
化研究》，《经济经纬》2016 年第 1 期。

［18］李星月、陈濛：《大数据背景下同城化量化分析方法及温岭市实践》，
《规划师》2016 年第 2 期。

［19］李亚平：《政府工作报告》，《苏州日报》2021 年 2 月 2 日。

［20］李迎成、王兴平：《沪宁高速走廊地区的同城化效应及其影响因素研
究》，《现代城市研究》2013 年第 3 期。

［21］刘玲：《大纽约城市经济发展对我国大都市经济规划的启示》，《经济
问题》2013 年第 6 期。

［22］刘龙胜等：《轨道上的世界：东京都市圈城市和交通研究》，人民交
通出版社 2013 年版。

［23］陆大道：《地理学关于城镇化领域的研究内容框架》，《地理科学》
2013 年第 8 期。

［24］罗小军、张宗书、白鑫、于浣：《成德同城化经济发展评价——基于
都市圈效应视角》，《西部经济管理论坛》2017 年第 4 期。

［25］马庆钰：《公共服务的几个基本理论问题》，《中共中央党校学报》
2005 年第 1 期。

［26］迈克尔·布鲁顿、希拉·布鲁顿、于立等：《英国新城发展与建设》，
《城市规划》2003 年第 12 期。

［27］牟勇：《合（肥）淮（南）同城化：内涵、效应、障碍与实现》，《消
费导刊》2009 年第 21 期。

［28］彭嘉启：《日本大都市圈考察研究》，陕西师范大学，2013 年。

［29］乔尔·科特金：《全球城市史》，社会科学文献出版社 2015 年版。

［30］桑秋、张平宇、罗永峰、高晓娜：《沈抚同城化的生成机制和对策研
究》，《人文地理》2009 年第 3 期。

［31］孙斌栋、潘鑫：《城市空间结构对交通出行影响研究的进展——单中
心与多中心的论争》，《城市问题》2008 年第 1 期。

［32］汤韵、梁若冰：《中国省际居民迁移与地方公共支出——基于引力模
型的经验研究》，《财经研究》2009 年第 11 期。

［33］陶松龄、陈蔚镇：《上海城市形态的演化与文化魅力的探究》，《城市

规划》2001 年第 1 期。

[34] 陶希东：《美国纽约大都市区治理：经验、教训与启示》,《城市观察》2021 年第 2 期。

[35] 田庆立：《日本首都圈建设及对京津冀协同发展的启示》,《社科纵横》2017 年第 3 期。

[36] 王朝宇、马迎迎、彭雨滕：《基于多源大数据的都市圈空间发展特征研究——以广东省东翼地区汕潮揭都市圈为例》, 2019 年。

[37] 王德、宋煜、沈迟、朱查松：《同城化发展战略的实施进展回顾》,《城市规划学刊》2009 年第 4 期。

[38] 王旭、罗思东：《美国新城市化时期的地方政府：区域统筹和地方自治的博弈》厦门大学出版社 2010 年版。

[39] 王旭：《美国城市发展模式》, 清华大学出版社 2006 年版。

[40] 王振：《长三角地区的同城化趋势及其对上海的影响》,《科学发展》2010 年第 4 期。

[41] 魏庆：《国际大都市如何规划疏解人口》,《城市管理与科技》2015 年第 5 期。

[42] 武廷海、高元：《第四次纽约大都市地区规划及其启示》,《国际城市规划》2016 年第 6 期。

[43] 武义青、赵建强：《区域基本公共服务一体化水平测度——以京津冀和长三角地区为例》,《经济与管理》2017 年第 4 期。

[44] 夏怡然、陆铭：《城市间的"孟母三迁"——公共服务影响劳动力流向的经验研究》,《管理世界》2015 年第 10 期。

[45] 徐佩、祝怡歆：《嘉兴港区生态环境治理再添亮点》,《嘉兴日报》2021 年 2 月 19 日。

[46] 杨海华：《广佛同城化的生成机制和合作模式研究》,《广东经济》2010 年第 8 期。

[47] 杨伟：《沪通关系的历史演进与当代启示》,《南通职业大学学报》2018 年第 2 期。

[48] 叶国、冯启榕、蒋杏茂、张凌丽：《在长三角健康一体化中展现南通作为》,《南通日报》2020 年 11 月 27 日。

[49] 俞佩忠：《长三角生态绿色一体发展示范区协同治水启动》,《嘉兴日报》2019 年 11 月 2 日。

[50] 张菊伟、李碧珍：《福莆宁同城化的经济效应评价——基于改进的产业协调指数》,《福建师范大学学报（哲学社会科学版）》2012 年第 6 期。

［51］张军扩等：《东京都市圈的发展模式、治理经验及启示》，《中国经济时报》2016 年 8 月 19 日。

［52］张丽、吕康银、王文静：《地方财政支出对中国省际人口迁移影响的实证研究》，《税务与经济》2011 年第 4 期。

［53］张敏：《从苏州文化到上海文化》，《档案与史学》2001 年第 2 期。

［54］张瑞洁、胡晨琦：《嘉兴的 "高铁时代" 来了》，《嘉兴日报》2020 年 10 月 26 日。

［55］张笑川：《试论近代上海文化的底色——旅沪苏州人与近代上海》，《社会科学》2013 年第 11 期。

［56］赵英魁、张建军、王丽丹、邹莹、李铁鹏：《沈抚同城区域协作探索——以沈抚同城化规划为例》，《城市规划》2010 年第 3 期。

［57］郑思齐、丁文捷、陆化普：《住房、交通与城市空间规划》，《城市问题》2009 年第 1 期。

［58］郑晓伟、惠倩：《西咸同城化发展格局特征与空间应对》，《规划师》2018 年第 4 期。

［59］周一星：《中国的城市体系和区域倾斜战略探讨》，黑龙江人民出版社 1991 年版。

［60］周轶男、赵艳莉、黄叶君：《宁波、余姚、慈溪同城化测度研究》，2013 中国城市规划年会。

［61］朱虹霖：《广佛同城发展动因分析——经济社会发展的可能与必然》，《南方论刊》2010 年第 7 期。

［62］Ahlfeldt, G., 2012, "Rail Mega-Projects in the Realm of Inter- and Intra-City Accessibility: Evidence and Outlooks for Berlin", *Built Environment* 38（1）: 71—88.

［63］Aldridge, M., 1979, *The British New Towns: A Programme without a Policy*, London: Routledge and Kegan Paul.

［64］Alonso, W., 1964, "Location and Land Use. Toward a General Theory of Land Rent", *Economic Geography* 42（3）: 11—26.

［65］Arnott, R., and E. Inci, 2006, "An Integrated Model of Downtown Parking and Traffic Congestion", *Journal of Urban Economics*, Elsevier, vol. 60（3）: 418—442.

［66］Baum-Snow, N., 2007, "Did Highways Cause Suburbanization?", *Quarterly Journal of Economics* 122（2）: 775—805.

［67］Baum-Snow, N., L. Brandt, J. V. Henderson, M. A. Turner and Q. Zhang, 2017, "Roads, railroads, and decentralization of Chinese cities",

Review of Economics and Statistics, 99（3）: 435—448.

［68］Billings, S. B., 2011, "Estimating the value of a new transit option", *Regional Science & Urban Economics* 41（6）: 525—536.

［69］Brueckner, J. K., and J. F. Thisse, and Y. Zenou, 1999, "Why is Central Paris Rich and Downtown Detroit Poor? An Amenity-based Theory", *Université catholique de Louvain, Center for Operations Research and Econometrics*（*CORE*）91—107.

［70］Cevero, R., 1996, "Transit-based Housing in the San Francisco Bay Area: Market Profiles and Rent Premiums", *Transportation Quarterly* 50（3）: 33—49.

［71］Chandler, T., and G. Fox, 1974, "3 000 Years of Urban Growth", *Population*, 30（1）, 184.

［72］Contact, and R. Prothero, 2016, Travel to Work Area Analysis in Great Britain，https://www.ons.gov.uk/.

［73］Crane, R., 1996, "The Influence of Uncertain Job Location on Urban Form and the Journey to Work", *Journal of Urban Economics* 39（3）: 342—356.

［74］David, P. A., and G. Wright, 2003, General Purpose Technologies and Surges in Productivity: Historical Reflections on the Future of the ICT Revolution, In: David, P.A., Thomas, M.（Eds.）, *The Economic Future in Historical Perspective,* Oxford University Press, Oxford, UK.

［75］Day, K. M., 1992, "Interprovincial Migration and Local Public Goods", *The Canadian Journal of Economics* 25（1）: 123—144.

［76］Desmet, K., and E. Rossi-Hansberg, 2009, "Spatial Growth and Industry Age", *Journal of Economic Theory*, 144, 2477—2502.

［77］Desmet, K., and J. V. Henderson, 2015, The Geography of Development Within Countries, Chapter 22 in Handbook of *Regional and Urban Economics*, vol. 5, 1457—1517.

［78］Desmet, K., and M. Fafchamps, 2006, "Employment Concentration Across U.S. Counties", *Regional Science Urban Economics*, 36, 482—509.

［79］Diamond, R., 2016, "The Determinants and Welfare Implications of US Workers' Diverging Location Choices by Skill: 1980—2000", *The American Economic Review* 106（3）: 479—524.

［80］Dijkstra, L., H. Poelman, and P. Veneri, 2019, "The Eu-oecd Definition of a Functional Urban Area", *OECD Regional Development Working*

Papers.

［81］Donaldson, D., and R. Hornbeck, 2016, "Railroads and American Economic Growth: A 'Market Access' Approach", NBER Working Papers 131（2）: qjw002.

［82］Duranton, G., and D. Puga, 2004, "Micro-foundations of Urban Agglomeration Economies", *Social Science Electronic Publishing* 4（04）: 2063—2117.

［83］Duranton, G., and D. Puga, 2005, "From Sectoral to Functional Urban Specialisation", *Journal of Urban Economics* 57, 343—370.

［84］Duranton, G., and H. G. Overman, 2008, "Exploring the Detailed Location Patterns of U.K. Manufacturing Industries Using Microgeographic Data", *Journal Science*, 48, 213—243.

［85］Duranton, G., and Puga, D., 2015, "Urban Land Use", Chapter 8 in *Handbook of Regional and Urban Economics*, vol. 5, 467—553.

［86］Duranton, G., and M. A. Turner, 2012, "Urban Growth and Transportation", *Review of Economic Studies*, 79（4）: 1407—1440.

［87］Fischel, W. A., 2000, "Zoning and Land Use Regulations", in Boudewijn, B., and Geest, G.D.（Eds.）, *Encyclopedia of Law and Economics*, vol. 2. Edward Elgar, Cheltenham, 403—442.

［88］Florida, R., et al., 2008, "The Rise of the Mega-region", *Cambridge Journal of Regions, Economy and Society*, 1（3）: 459—476.

［89］Fogel, R.W., 1965, "Railroads and American Economic Growth: Essays in Econometric History", *Canadian Journal of Economics & Political Science*, 31（4）: 611—612.

［90］Friedmann, J., 1966, *Regional Development Policy: A Case Study of Venezuela*, Cambridge, MA: MIT Press.

［91］Fujita, M., and J.F. Thisse, 2002, *Economics of Agglomeration: Cities, Industrial Location, and Regional Growth*, New York: Cambridge University Press.

［92］Fujita, M., P. Krugman, and A. Venables, 1999, *The spatial economy*, MIT Press, Cambridge.

［93］Garcia-López, M.À., and I. Muñiz, 2013, "Urban Spatial Structure, Agglomeration Economies, and Economic Growth in Barcelona: An Intra-metropolitan Perspective", *Regional Science* 92（3）: 515—534.

［94］Geddes, P., 1915, *Cities in Evolution*, London: Williams & Norgate.

[95] Gibbons, S., and S. Machin, 2005, "Valuing Rail Access using Transport Innovations", *Journal of Urban Economics* 57（1）: 148—169.

[96] Glaeser, Edward L., Kahn. M. E., and Rappaport. J., 2008, "Why do the Poor live in Cities? The Role of Public Transportation", *Journal of Urban Economics* 63（1）: 1—24.

[97] Gottmann, J., 1957, "Megalopolis or the urbanization of the northeastern seaboard", *Economic Geography*, 33（3）: 189—200.

[98] Hall, P. G., Pain, 2006, *The Polycentric Metropolis: Learning from Mega-city Regions in Europe*, London: Earthscan.

[99] Helpman, E., 1998, "R&D and Productivity: The International Connection", National Bureau of Economic Research, Inc.

[100] Hohenberg, P., 2004, "The Historical geography of European cities: An interpretive essay", *Handbook of Regional and Urban Economics,* Volume 4.

[101] Howard, E., 1898, *Garden Cities of Tomorrow*, Cambridge, MA: MIT Press.

[102] Jovanovic, B., and P. L. Rousseau, 2005, "General Purpose Technologies", in Aghion, P., and S. Durlauf,（eds.）, *Handbook of Economic Growth,* Elsevier, Amsterdam.

[103] Kanemoto, Y., Tokuoka, K., 2002, "The Proposal for the Standard Definition of the Metropolitan Areas in Japan", *Journal of Applied Regional Science* 7: 1—15.

[104] Kenneth, A., 2007, *The Economics of Urban Transportation*, Routledge.

[105] Krugman, P. R., 1979, "Increasing returns, monopolistic competition, and international trade", *Journal of international Economics*, 9（4）: 469—479.

[106] Krugman, P. R., 1991, "Increasing Returns and Economic Geography", *Journal of Political Economy* 99（3）: 483—499.

[107] Lang, R.E., and D. Dhavale, 2006, "Micropolitan America: a Brand New Geography", in *Redefining Cities and Suburbs: Evidence from Census*, MA: Harvard University Press,Vol. 3, 237—258.

[108] Levine, J., 1998, "Rethinking Accessibility and job-Housing Balance", *Apa Journal*, 64.

[109] Marshall, A., 1890, *Principles of Economics*, London.

[110] McGee, T. G., 1991, *The Emergence of Desakota Regions in Asia: Expanding a Hypothesis*, Honolulu: University of Hawaii Press.

［111］McKelvey，John, J., 1973, *Man Against Tsetse*：*Struggle for Africa*, N.Y.: Cornell University Press.

［112］Mills, E. S., 1967, "An Aggregative Model of Resource Allocation in a Metropolitan Area", *American Economic Review* 57（2）: 197—210.

［113］Muth, R. F., 1969, *Cities and Housing*, University of Chicago Press, Chicago.

［114］Oates, W. E., 1969, "The Effects of Property Taxes and Local Public Spending on Property Values: An Empirical Study of Tax Capitalization and the Tiebout Hypothesis", *Journal of Political Economy* 77（6）: 957—971.

［115］Puderer, H., 2008, "Defining and Measuring Metropolitan Areas: A Comparison Between Canada and the United States", Geography Working Paper Series.

［116］Redding, S. J., and M. A. Turner, 2015, "Transportation Costs and the Spatial Organization of Economic Activity", *Handbook of Regional & Urban Economics* 5（8）: 1339—1398.

［117］Ricardo, D., 1817, *Principles of Political Economy and Taxation*, London: J. Murray.

［118］Schinz, A., 1989, *Cities in China*, Berlin: Gebruder Borntraeger.

［119］Sharp, E.B, 1986, *Citizen Demand-making in the Urgainesvilleban Context*, Birmingham: University of Alabama Press.

［120］Stull, W. J., 1974, "Land use and zoning in an urban economy", *The American Economic Review*, 64（3）: 337—347.

［121］Tecu, I., 2013, "The Location of Industrial Innovation: Does Manufacturing Matter?", US Census Bureau Center for Economic Studies Paper No. CES-WP-13-09.

［122］Thomas, R., 1969, London's New Towns; a Study of Self-contained and Balanced communities.

［123］Tiebout, C.M., 1956, "A Pure Theory of Local Expenditures", *Journal of Political Economy* 64（5）: 416—424.

［124］Turner, M.A., 2005. Landscape preferences and patterns of residential development. *Journal of Urban Economic* 57, 19—54.

［125］Von Thünen, J. H., 1826, *The Isolated State*, English edition, London: Pergamon.

［126］Wheatley, P., 1971，*The Pivot of the Four Quarters: a Preliminary Enquiry*

Into the Origins and Character of the Ancient Chinese City, Chicago: Aldine Publishing Company.

［127］Zou, J., et al., 2001, "The urban function of Suzhou on Basis of the Shanghai-Suzhou relationship", *Chinese Geographical Science*, 11（3）: 233—240.

图书在版编目(CIP)数据

上海都市圈发展报告.第二辑·同城化/陈宪,王
赟赟主编.—上海:格致出版社:上海人民出版社,
2022.8
ISBN 978 - 7 - 5432 - 3365 - 2

Ⅰ.①上… Ⅱ.①陈… ②王… Ⅲ.①区域经济发展
-研究报告-上海 ②城市经济-经济发展-研究报告-上
海 Ⅳ.①F127.51 ②F299.275.1

中国版本图书馆 CIP 数据核字(2022)第 116914 号

责任编辑 忻雁翔
封面装帧 人马艺术设计·储平

上海都市圈发展报告·第二辑:同城化
陈　宪　王赟赟　主编

出　　版　格致出版社
　　　　　上海人民出版社
　　　　　(201101　上海市闵行区号景路 159 弄 C 座)
发　　行　上海人民出版社发行中心
印　　刷　上海商务联西印刷有限公司
开　　本　787×1092　1/16
印　　张　15.5
字　　数　282,000
版　　次　2022 年 8 月第 1 版
印　　次　2022 年 8 月第 1 次印刷
ISBN 978 - 7 - 5432 - 3365 - 2/F · 1450
定　　价　118.00 元